The Hungry Pig

很饿的猪

By Jeff Pepper
and
Xiao Hui Wang

IMAGIN8
PRESS

Version 10a

The Hungry Pig

很饿的猪

A Story in Simplified Chinese and Pinyin,
600 Word Vocabulary Level

Book 8 of the *Journey to the West* Series

Written by Jeff Pepper
Chinese translation by Xiao Hui Wang

Based on the original 14th century story by Wu Chen'en,
and the unabridged translation by Anthony C. Yu

Book design by Jeff Pepper
Cover design by Katelyn Pepper
Illustrations by Next Mars Media

ISBN: 978-1-7331650-3-7

ACKNOWLEDGMENTS

We are deeply indebted to the late Anthony C. Yu for his incredible four-volume translation, *The Journey to the West* (1983, revised 2012, University of Chicago Press).

Many thanks to Choo Suan Hee for his help in reviewing the manuscript. And thanks to NextMars Media for their terrific illustrations.

AUDIOBOOK

A complete Chinese language audio version of this book is available free of charge. To access it, go to YouTube.com and search for the Imagin8 Press channel. There you will find free audiobooks for this and all the other books in this series.

You can also visit our website, www.imagin8press.com, to find a direct link to the YouTube audiobook, as well as information about our other books.

PREFACE

This book is based on chapters 18 through 21 of *Journey to The West* (西游记, xī yóu jì), an epic novel written in the 16th Century by Wu Chen'en. *Journey to The West* is loosely based on an actual journey by the Buddhist monk Tangseng (called Xuanzang and Sanzang in earlier books), who traveled from the Chinese city of Chang'an westward to India in 629 A.D. and returned 17 years later with priceless knowledge and texts of Buddhism. Over the course of the book the band of travelers face the 81 tribulations that Tangseng had to endure to attain Buddhahood.

Each book in our *Journey to the West* series covers a short section of the original 2,000-page novel. In this, the 8th book in our series, we meet the pig-man known as Zhu Bajie, who becomes Tangseng's second disciple. Zhu is the junior disciple, having joined the Tang monk's service after Sun Wukong.

In his previous life, Zhu was the Marshal of the Heavenly Reeds, responsible for the Jade Emperor's entire navy and 80,000 sailors. But unable to control his appetites, he got drunk at a festival and attempted to seduce the Goddess of the Moon. She reported this to the Jade Emperor, who furiously banished him to earth. As he plunged from heaven to earth he ended up in the womb of a sow (or, in some versions of the story, in the bottom of a pig well), and was reborn as a man-eating pig monster. This book tells the story of how Zhu was married to a farmer's daughter, fought with Sun Wukong, and ended up joining Tangseng and Sun Wukong in their journey to the Western Heaven.

We try to keep things simple by calling him Zhu (猪), "piggy", or Zhu Bajie (猪八戒), "pig of the eight forbidden things". But he has many names in the original Chinese novel. When we first meet him, he's called Zhu Ganglie (猪刚鬣), the "stiff bristled pig". After he becomes Tangseng's disciple he is given the spiritual name Zhu Wuneng (猪悟能), "pig awakened to ability". Often, his fellow travelers simply call him kǔlì (苦力), "idiot".

Zhu is deeply flawed, in many ways worse than the hot-headed monkey king Sun Wukong. Although he is Tangseng's disciple, he constantly wrestles with his desires for food, sex and comfort. He's lazy, constantly finding excuses to avoid work, and he often complains about how he misses his wife and the comforts of home. He is also jealous of Sun Wukong's status as senior disciple, though they do cooperate in fighting monsters and protecting Tangseng.

If Sun Wukong is the embodiment of anger and arrogance, then Zhu is the embodiment of stupidity, laziness, lust and greed. But he is brave and loyal, and also provides a bit of comic relief in the novel.

All of the stories in this series are all written in simple language suitable for intermediate Chinese learners. Our core vocabulary is 1,200 words, made up of the 600 words of HSK-3 plus another 600 or so words that were introduced in the previous books of the series. These words are all in the glossary at the back of the book.

Whenever we introduce a new word or phrase, it's defined in a footnote on the page where it first appears, and also appears in the glossary.

In the main body of the book, each page of Chinese characters is matched with a facing page of pinyin. This is unusual for Chinese novels but we feel it's important. By including the pinyin, as well as a full English version and glossary at the end, we hope that every reader, no matter what level of mastery they have of the Chinese language, will be able to understand and enjoy the story we tell here.

Careful readers will notice that the English translation sometimes doesn't exactly match the Chinese. This is because we've tried to express the story in both languages in the most natural style, and sometimes it's just not possible (or desirable) to translate word-for-word from one language to the other.

Please visit our website, www.imagin8press.com, which contains a link to the full (and free) audio recording of this book. You can also sign up to be notified about new books in this series as they become available.

We hope you like this book, and we'd love to hear from you! Write us at info@imagin8press.com.

Jeff Pepper and Xiao Hui Wang
Pittsburgh, Pennsylvania, USA
December 2019

The Hungry Pig

很饿的猪

Hěn È De Zhū

Wǒ qīn'ài de háizi, nǐ hái jìdé wǒ zuówǎn gàosù nǐ de gùshì ma? Wǒ gàosù nǐ Tángsēng hé Sūn Wùkōng shì zěnme kāishǐ xīyóu de. Tāmen yùdào le yītiáo biànchéngle mǎ de lóng hé qíshí shì yī zhǐ xióng de yāoguài, fózǔ Guānyīn gěi tāmen de bāngzhù.

Zài jīnwǎn de gùshì zhōng, wǒ yào gàosù nǐ tāmen shì zěnme yùdào yī zhī zhū . Zhè zhī zhū cānjiā le tāmen de lǚtú.

Nǐ yīnggāi jìdé wǒ zuówǎn gàosù nǐ Sūn Wùkōng hé xióng yāoguài de zhàndòu. Sūn Wùkōng xiǎng cóng xióng yāoguài nàlǐ náhuí Tángsēng de sēngyī. Zhàndòu jiéshù hòu, Sūn Wùkōng huídào sìmiào, bǎ sēngyī gěi le Tángsēng. Sìmiào lǐ de héshàngmen hěn gāoxìng, tāmen wèi liǎng wèi yóurén jǔxíng le yīcì sùshí dà yàn.

很饿的猪

我亲爱的孩子，你还记得我昨晚告诉你的故事吗？我告诉你唐僧[1]和孙悟空是怎么开始西游的。他们遇到了一条变成了马的龙和其实是一只熊的妖怪，佛祖观音给他们的帮助。

在今晚的故事中，我要告诉你他们是怎么遇到一只猪。这只猪参加了他们的旅途。

你应该记得我昨晚告诉你孙悟空和熊妖怪的战斗。孙悟空想从熊妖怪那里拿回唐僧的僧衣。战斗结束后，孙悟空回到寺庙，把僧衣给了唐僧。寺庙里的和尚们很高兴，他们为两位游人举行了一次素食大宴。

---

[1] In this book and the rest of the series, we call the monk Tangseng (literally, "the Tang monk"), the name used in the original Chinese version. In books 1 to 6 he was also called Xuanzang and Sanzang. Joseph Yu's translation uses the Sanskrit name Tripitaka.

Zǎoshang, Sūn Wùkōng hé Tángsēng gǎnxiè le héshàngmen, tāmen jìxù xiàng xī zǒu. Tāmen zǒu le liù, qī tiān. Yǒuyītiān, tāmen dào le yígè xiǎo cūnzi. Yǐjīng shì hěn wǎn de xiàwǔ le. Tiānkōng zhōng tàiyáng hěn dī hěn hóng. Tángsēng shuō, "Wǒ xiǎng zài zhèlǐ xiūxi."

"Děng yīxià," Sūn Wùkōng huídádào, "wǒ xūyào kànkàn sìzhōu, kànkàn zhèlǐ shìbùshì yígè hǎo dìfāng." Tā yòng tāde huǒyǎnjīnjīng kànzhe cūnzi. Tā kàn dào hěnduō xiǎo fángzi, sìzhōu yǒu gāodàde shùmù. Kōngqì zhōng dōu shì zuò fàn de yānhuǒ. Měitiáo lùshàng dōu yǒu niú zài zǒu huí jiā. Pàngpàng de zhū hé jī zài fángzi fùjìn shuìjiào. Yígè hēzuì le de lǎorén yībiān chànggē yībiān mànmàn de zǒu huí jiā.

"Kànqǐlái méiyǒu shénme shì," Sūn Wùkōng shuō. "Zhège cūnzi zhùzhe hěnduō hǎorénjiā. Wǒmen jīnwǎn kěyǐ zhù zài zhèlǐ."

早上，孙悟空和唐僧感谢了和尚们，他们继续向西走。他们走了六、七天。有一天，他们到了一个小村子。已经是很晚的下午了。天空中太阳很低很红。唐僧说，"我想在这里休息。"

"等一下，"孙悟空回答道，"我需要看看四周，看看这里是不是一个好地方。"他用他的火眼金睛看着村子。他看到很多小房子，四周有高大的树木。空气中都是做饭的烟火。每条路上都有牛在走回家。胖胖的猪和鸡在房子附近睡觉。一个喝醉了的老人一边唱歌一边慢慢地走回家。

"看起来没有什么事，"孙悟空说。"这个村子住着很多好人家。我们今晚可以住在这里。"

Tāmen jìn le cūnzi. Mǎshàng kàndào le yígè niánqīng
rén. Tā chuānzhe yí jiàn lán sè chènshān, tóu shàng
dàizhe báisè de màozi. Shǒu lǐ názhe yī bǎ cǎo sǎn, bèi
shàng yǒu yī kǔn cǎo. Sūn Wùkōng zǒujìn tā, jǐnjǐn
zhuāzhù tāde shǒubì wèn: "Nǐ yào qù nǎlǐ? Zhè shì
shénme dìfāng?"

Nàgè niánqīng rén bèi hóuzi xiàhuài le, xiǎng táozǒu,
dàn Sūn Wùkōng tài qiáng le. Niánqīng rén kūzhe
shuō: "Nǐ qù wèn biérén ba, búyào lái máfan wǒ!" Tā
xiǎng yào dǎ Sūn Wùkōng, kěshì hóuzi jǐnjǐnde bàozhe
tā, méiyǒu dòng.

Zhōngyú, niánqīng rén bú zhàndòu le. Tā shuō:
"Hǎoba. Nǐmen zài Wūsīcáng wángguó. Wǒmen zhège
cūnzi jiào Gāo Lǎo Zhuāng, yīnwèi zhèlǐ de xǔduō
rénjiā dōu xìng gāo. Xiànzài ràng wǒ zǒu!"

他们进了村子。马上看到了一个年轻人。他穿着一件蓝色衬衫，头上戴着白色的帽子。手里拿着一把草伞[2]，背上有一捆[3]草。<u>孙悟空</u>走近他，紧紧抓住他的手臂[4]问："你要去哪里？这是什么地方？"

那个年轻人被猴子吓坏了，想逃走，但<u>孙悟空</u>太强了。年轻人哭着说："你去问别人吧，不要来麻烦我！"他想要打<u>孙悟空</u>，可是猴子紧紧地抱着他，没有动。

终于，年轻人不战斗了。他说："好吧。你们在<u>乌斯藏</u>[5]王国。我们这个村子叫<u>高老庄</u>[6]，因为这里的许多人家都姓<u>高</u>。现在让我走！"

---

[2] 伞   sǎn – umbrella
[3] 捆   kǔn – bundle
[4] 臂   bì – arm
[5] <u>乌斯藏</u> Wūsīcáng – the Kingdom of Wusizang
[6] <u>高老庄</u> Gāo Lǎo Zhuāng – Old Gao Village

孙悟空问："你要去哪里？
这是什么地方？"

Sūn Wùkōng wèn: "Nǐ yào qù nǎlǐ?
Zhè shì shénme dìfāng?"

Sun Wukong asked, "Where are you
going? What is this place?"

"Suǒyǐ wǒ xiǎng nǐ xìng gāo," Sūn Wùkōng shuō.
"Rúguǒ nǐ gàosù wǒ nǐ yào qù nǎlǐ, nǐ zài zuò shénme,
wǒ jiù huì ràng nǐ zǒu."

"Wǒ jiào Gāo Cái. Wǒmen jiāde zuìdàde shì wǒ bàba
de gēgē, wǒmen jiào tā Gāo Lǎorén. Tā yǒu yígè èrshí
suì de nǚ'ér jiào Cuì Lán. Sān nián qián, yígè yāoguài bǎ
tā dàizǒu zuò le tāde qīzi. Gāo Lǎorén fēicháng bù
gāoxìng, yīnwèi tā bùxiǎng tānǚ'ér de zhàngfū shì yígè
yāoguài. Tā bùxiǎng ràng zhège shìqíng fāshēng, dàn
yāoguài bù tóngyì. Yāoguài bú ràng nǚháizi huíjiā, tā
yǐjīng yǒu liù gè yuè méiyǒu kànjiàn tāde jiārén le.
Lǎorén gěi le wǒ yīxiē qián, gàosù wǒ zhǎo yígè fǎshī,
fǎshī kěyǐ ràng yāoguài líkāi. Dànshì wǒ zhǎobùdào
yígè hǎode fǎshī. Wǒ zhǐ zhǎodào le yīxiē méiyǒuyòng
de héshàng hé yīxiē méiyǒu bànfǎ de dàorén. Suǒyǐ
Lǎorén yòu gěi le wǒ yīdiǎn qián, gàosù wǒ zài shì yīcì.
Wǒ hái zài zhǎo yígè hǎo

"所以我想你姓高，"孙悟空说。"如果你告诉我你要去哪里，你在做什么，我就会让你走。"

"我叫高才[7]。我们家的最大的是我爸爸的哥哥，我们叫他高老人。他有一个二十岁的女儿叫翠兰[8]。三年前，一个妖怪把她带走做了他的妻子。高老人非常不高兴，因为他不想他女儿的丈夫是一个妖怪。他不想让这个事情发生，但妖怪不同意。妖怪不让女孩子回家，她已经有六个月没有看见她的家人了。老人给了我一些钱，告诉我找一个法师，法师可以让妖怪离开。但是我找不到一个好的法师。我只找到了一些没有用的和尚和一些没有办法的道人。所以老人又给了我一点钱，告诉我再试一次。我还在找一个好

---

[7] 高才　　　Gāo Cái – (a name)
[8] 翠兰　　　Cuì Lán – Green Orchid

fǎshī, dànshì nǐ ràng wǒ bùnéng mǎshàng qù zhǎo!"

"Hǎoba," Sūn Wùkōng shuō, "jīntiān shì nǐde hǎo rìzi. Wǒ huì zhuā yāoguài, gānggāng hǎo kěyǐ jiějué nǐde wèntí! Rénmen shuō: 'Nǐ yùdào le hǎo yīshēng, zhè wèi yīshēng yòu bǎ nǐde yǎnjīng kànhǎo le!' Wǒmen shì dōngfāng de shèngsēng. Wǒmen qù xītiān ná shèng shū, dàihuí gěi Táng Huángdì. Wǒmen yǐjīng hé jǐ gè yāoguài zhàndòuguòle, měicì dōu yíng le. Shìde, wǒmen kěyǐ bāngzhù nǐ. Dài wǒmen qù nǐjiā."

Nàge niánqīng rén náqǐ sǎn hé cǎo, sāngèrén zǒuxiàng tāde jiā. Dāng tāmen dào ménqián shí, tā shuō: "Qǐng děng zài zhèlǐ." Nàgè niánqīng rén zǒujìn wū li, gàosù gāo lǎorén liǎng wèi héshàng de shì. Tā shuō: "Zhèxiē rén shuō tāmen shì dōngfāng de shèngsēng. Tāmenzhōng de yígè rén shuō tā shì Táng Huángdì de xiōngdì. Wǒ xiǎng tāmen kěyǐ bāngzhù wǒmen."

Gāo Lǎorén lái dào mén qián. "Huānyíng!" Tā shuōdao, xiàng Tángsēng jūgōng. Tángsēng yě xiàng gāo jūle gōng. Sūn Wùkōng méiyǒu jū

法师，但是你让我不能马上去找！"

"好吧，"孙悟空说，"今天是你的好日子。我会抓妖怪，刚刚好可以解决你的问题！人们说：'你遇到了好医生，这位医生又把你的眼睛看好了！'我们是东方的圣僧。我们去西天拿圣书，带回给唐皇帝。我们已经和几个妖怪战斗过了，每次都赢了。是的，我们可以帮助你。带我们去你家。"

那个年轻人拿起伞和草，三个人走向他的家。当他们到门前时，他说："请等在这里。"那个年轻人走进屋里，告诉高老人两位和尚的事。他说："这些人说他们是东方的圣僧。他们中的一个人说他是唐皇帝的兄弟。我想他们可以帮助我们。"

高老人来到门前。"欢迎！"他说道，向唐僧鞠躬。唐僧也向高鞠了躬。孙悟空没有鞠

gōng, tā zhǐshì zhàn zài nàlǐ. "Nǐ wèishénme méiyǒu hé wǒ shuōhuà?" tā wèn. Lǎorén hàipà de kànzhe nà zhī hěn bù hǎokàn de hóuzi. Ránhòu tā zhuǎnxiàng Gāo Cái shuō: "Niánqīng rén, nǐ zuò le shénme? Wǒmen jiā yǐjīng yǒu yígè yāoguài le. Xiànzài wǒmen yǒu liǎng gè le!"

"Gāo Lǎo," Sūn Wùkōng shuō, "nǐ yǐjīng huó le hěnduō nián le, dàn nǐ háishì yígè hěn bèn de rén. Nǐ juédé hǎokàn de rén jiùshì hǎorén, bù hǎokàn de rén jiùshì huàirén. Wǒ shì lǎo hóuzi. Wǒ kěnéng hěn bù hǎokàn, dànshì wǒ kěyǐ zhuādào nàgè yāoguài, bǎ nǐ de nǚ'ér dài huílái. Zhèyàng kěyǐ ma?"

Lǎorén háishì hěn hàipà, dànshì tā xǐhuān Sūn Wùkōng de huà, suǒyǐ tā shuō: "Qǐng jìnlái." Dāng tāmen dōu zài wū li de shíhóu, Tángsēng gàosù tā tāmen qù xībian zhǎo fú shū dàihuíqù gěi Táng Huángdì de gùshì. Tā hái wèn tāmen shìbùshì kěyǐ zài lǎorén de jiā zhù yígè wǎnshàng.

躬，他只是站在那里。"你为什么没有和我说话？"他问。老人害怕地看着那只很不好看的猴子。然后他转向高才说："年轻人，你做了什么？我们家已经有一个妖怪了。现在我们有两个了！"

"高老，"孙悟空说，"你已经活了很多年了，但你还是一个很笨的人。你觉得好看的人就是好人，不好看的人就是坏人。我是老猴子。我可能很不好看，但是我可以抓到那个妖怪，把你的女儿带回来。这样可以吗？"

老人还是很害怕，但是他喜欢孙悟空的话，所以他说："请进来。"当他们都在屋里的时侯，唐僧告诉他他们去西边找佛书带回去给唐皇帝的故事。他还问他们是不是可以在老人的家住一个晚上。

"Nǐ zhǐ xiǎng zhù yī wǎn?" Gāo wèn, "Nà nǐ zěnme zhuāzhù wǒde yāoguài?"

"Wǒmen yāoqiú zài zhèlǐ zhù yī wǎn," Sūn Wùkōng shuō, "dàn wǒmen shì kěyǐ zhuā yīxiē yāoguài de, zhǐshì wèile hǎowán. Gàosù wǒ, nǐjiā yǒu jǐ gè yāoguài?"

"Zhǐyǒu yígè, dàn tā gěi wǒmen dài lái le hěnduō máfan."

"Gàosù wǒmen."

"Hěnjiǔ hěnjiǔ yǐlái, zhège cūnzi jiù méiyǒu guǐ, shén, yāoguài de wèntí. Wǒmen zài zhèlǐ dōu hěn gāoxìng. Wǒ yǒu sān gè nǚ'ér. Wǒ yǐjīng tóngyì le bǎ liǎng gè dà nǚ'ér gěi cūnlǐ de liǎng gè nánrén. Dànshì wǒ xīwàng wǒ zuìxiǎo de nǚ'ér, Cuì Lán jiéhūn yǐhòu kěyǐ zhù zài wǒmenjiā, tāmende háizi yòng wǒmen de xìng. Sān nián qián, yígè niánqīng rén lái dào wǒmen de cūnzi. Tā zhǎng dé hěn hǎokàn, shēntǐ yě hěn hǎo, xǐhuān

"你只想住一晚？"高问，"那你怎么抓住我的妖怪？"

"我们要求在这里住一晚，"孙悟空说，"但我们是可以抓一些妖怪的，只是为了好玩。告诉我，你家有几个妖怪？"

"只有一个，但他给我们带来了很多麻烦。"

"告诉我们。"

"很久很久以来，这个村子就没有鬼、神、妖怪的问题。我们在这里都很高兴。我有三个女儿。我已经同意了把两个大女儿给村里的两个男人。但是我希望我最小的女儿，翠兰结婚以后可以住在我们家， 他们的孩子用我们的姓。三年前，一个年轻人来到我们的村子。他长得很好看，身体也很好，喜欢

Cuì Lán. Tā shuō tā jiào Zhū Gāngliè. Yīnwèi tā méiyǒu jiā, wǒ yǐwéi tā huì shì gè hǎo er zi. Tā zhùjìn le wǒmen de jiā, gōngzuò fēicháng nǔlì. Tā cóng zǎoshang kāishǐ, yīzhí gōngzuò dào wǎnshàng hěn wǎn."

"Tīngqǐlái bucuò. Fāshēng le shénme shì?"

"Tāde yàngzi kāishǐ gǎibiàn. Tāde ěrduō kāishǐ biàn dà. Tāde bízi biàndé yòu cháng yòu yǒu máo. Tóufà cóng tāde ěrduō hòumiàn zhǎng chūlái. Wǒ gàosù nǐ, tā zhēnde kāishǐ kànqǐlái xiàng yī zhī dà zhū, fēicháng è de zhū! Tā yí dùn fàn kěyǐ chīdiào èrshí gè rén chī de mǐfàn. Zǎofàn tā chī le yībǎi gè bāozi. Háihǎo tā chī sùshí, yīnwèi rúguǒ tā chī ròu, wǒmen méiyǒu yīdiǎn bànfǎ ràng tā chībǎo!"

"A, kěnéng tā è le, yīnwèi tā gōngzuò hěn nǔlì," Tángsēng shuō.

翠兰。他说他叫猪刚鬣[9]。因为他没有家，我以为他会是个好儿子。他住进了我们的家，工作非常努力。他从早上开始，一直工作到晚上很晚。"

"听起来不错。发生了什么事？"

"他的样子开始改变。他的耳朵开始变大。他的鼻子变得又长又有毛。头发从他的耳朵后面长出来。我告诉你，他真的开始看起来像一只大猪，非常饿的猪！他一顿饭可以吃掉二十个人吃的米饭。早饭他吃了一百个包子。还好他吃素食，因为如果他吃肉，我们没有一点办法让他吃饱！"

"啊，可能他饿了，因为他工作很努力，"唐僧说。

---

[9] 猪刚鬣　　Zhū Gāngliè - Stiff Bristled Pig

"Shíwù búshì zhēnde dà wèntí. Zuìdà de wèntí shì wǒde nǚ'ér. Wǒ yǐjīng liù gè yuè méiyǒu jiàndào tā le. Wǒ bù zhīdào tā shì sǐ háishì huó. Xiànzài wǒ xiāngxìn Zhū shì yígè yāoguài. Wǒmen bìxū ràng tā líkāi!"

"Nà bù nán, lǎorén!" Sūn Wùkōng shuō. "Jīnwǎn wǒ huì zhuāzhù tā de. Wǒ yào ràng tā tóngyì líhūn, nǐde nǚ'ér huì huídào nǐ shēnbiān. Zěnmeyàng?"

Lǎorén tīng le hěn gāoxìng. Tā wèi kèrén zhǔnbèi le sùshí. Wǎnfàn hòu, tā wèndào: "Nǐ xūyào shénme wǔqì, xūyào nǎxiē rén cānjiā?"

"Wǒ bù xūyào nǐde wǔqì," Sūn Wùkōng huídá, "wǒ yǒu zhège!" Tā cóng ěr zhōng báchū yī gēn zhēn, sìzhōu huīzhe, ránhòu biànchéng le tāde Jīn Gū Bàng. "Wǒ bù xūyào biérén cānjiā. Dànshì, wǒ xiǎng yào yīxiē hǎode lǎorén lái hé wǒ

"食物不是真的大问题。最大的问题是我的女儿。我已经六个月没有见到她了。我不知道她是死还是活。现在我相信猪是一个妖怪。我们必须让他离开！"

"那不难，老人！"孙悟空说。"今晚我会抓住他的。我要让他同意离婚[10]，你的女儿会回到你身边。怎么样？"

老人听了很高兴。他为客人准备了素食。晚饭后，他问道："你需要什么武器，需要哪些人参加？"

"我不需要你的武器，"孙悟空回答，"我有这个！"他从耳中拔出一根针，四周挥着，然后变成了他的金箍棒。"我不需要别人参加。但是，我想要一些好的老人来和我

---

[10] 离婚　　　líhūn – divorce

de shīfu zài yīqǐ, zài wǒ zhuā yāoguài de shíhòu, wǒ shīfu jiù búhuì shì yígè rén le."

Lǎorén tóngyì le. Bùjiǔ, jǐ wèi niánjì dà de nánrén hé nǔrén láidào fángjiān lǐ, hé Tángsēng zuòzàiyīqǐ, hé tā shuōhuà. Sūn Wùkōng duì tā shuō: "Shīfu, nǐ hé zhèxiē rén zàiyīqǐ yīnggāi gǎndào ānquán. Wǒ yào qù hé yāoguài zhàndòu!" Ránhòu zhuǎnxiàng Gāo Lǎorén, tā shuō: "Lǎorén, yāoguài zhù zài nǎge fángzi?"

Gāo zǒudào le fángzi hòumiàn de dàlóu. Tāmen zhàn zài ménqián. "Kuàidiǎn, lǎorén, bǎ mén de yàoshi nálái!" Sūn Wùkōng shuō.

"Rúguǒ wǒ yǒu zhè mén de yàoshi, nà wǒ jiù bù xūyào nǐ le," gāo dàshēng shuōdào.

Sūn Wùkōng shuō: "Lǎorén, nǐ suīrán yǒudiǎn niánjì le, dàn

的师父在一起，在我抓妖怪的时候，我师父就不会是一个人了。"

老人同意了。不久，几位年纪大的男人和女人来到房间里，和唐僧坐在一起，和他说话。孙悟空对他说："师父，你和这些人在一起应该感到安全。我要去和妖怪战斗！"然后转向高老人，他说："老人，妖怪住在哪个房子？"

高走到了房子后面的大楼。他们站在门前。"快点，老人，把门的钥匙[11]拿来！"孙悟空说。

"如果我有这门的钥匙，那我就不需要你了，"高大声说道。

孙悟空说："老人，你虽然有点年纪了，但

---

[11] 钥匙　yàoshi – a key

háishì bù dǒng xiàohuà. Wǒ zhǐshì zài hé nǐ shuōxiào de." Ránhòu tā yòng tāde Jīn Gū Bàng bǎ mén dǎ huài. Tāmen kànxiàng lǐmiàn. Hěn hēi, "Lǎo Gāo, jiào nǐde nǚ'ér."

Lǎorén xiàhuài le, dàn tā hǎndào: "Wǒde nǚ'ér! Wǒ qīn'àide Cuì Lán!" Nǚhái qīngqīngde huídá, "Bàba! Wǒ zài zhèlǐ!" Tāmen kànzhe tā. Tā kě'ài de liǎn hé tóufǎ dōu hěn zāng. Tā shòu le hěnduō. Tā pǎo xiàng tāde bàba, kūleqǐlái.

Sūn Wùkōng shuō: "Biékūle! Yāoguài zài nǎlǐ?"

"Wǒ bù zhīdào." Tā huídá. "Tā zǎoshàng hěn zǎo líkāi, wǎnshàng hěn wǎn huílái. Wǒ bù zhīdào tā qù nǎlǐ. Dànshì tā hěn xiǎoxīn de bú ràng bàba kànjiàn, yīnwèi tā zhīdào bàba xiǎng ràng tā líkāi."

"Hǎo. Biézàishuō le. Hé nǐ bàba yīqǐ zǒu. Lǎo hóuzi huì zài zhèlǐ děngzhe." Bàba hé nǚ'ér líkāi le. Sūn Wùkōng gǎibiàn le tā de yàngzi, ràng tā kànshàngqù xiàng nàgè nǚ

还是不懂笑话。我只是在和你说笑的。"然后他用他的金箍棒把门打坏。他们看向里面。很黑，"老高，叫你的女儿。"

老人吓坏了，但他喊道："我的女儿！我亲爱的翠兰！"女孩轻轻的回答，"爸爸！我在这里！"他们看着她。她可爱的脸和头发都很脏。她瘦了很多。她跑向她的爸爸，哭了起来。

孙悟空说："别哭了！妖怪在哪里？"

"我不知道。"她回答。"他早上很早离开，晚上很晚回来。我不知道他去哪里。但是他很小心地不让爸爸看见，因为他知道爸爸想让他离开。"

"好。别再说了。和你爸爸一起走。老猴子会在这里等着。"爸爸和女儿离开了。孙悟空改变了他的样子，让他看上去像那个女

hái. Ránhòu tā zuòxiàlái děngzhe.

Méi děng hěnjiǔ. Yīzhèn hěn dà de fēng bǎ tǔ hé shítou chuīqǐ, fēizàikōngzhōng. Shùmù dàozài dìshàng. Dòngwù zài sēnlín lǐ bú rènshì lù le. Jiānghé shàngxià fāndòng. Shítou hé dàshān bèi dǎ suì le. Zài běibù, yībùfèn chángchéng dàoxià le.

Fēng biàn xiǎo le, yígè hěn dà de yāoguài chūxiàn le. Shì Zhū Gāngliè. Tāde hēi liǎn dōu shì duǎn máo. Tāde bízi hěn cháng, ěrduō hěn dà. Tā chuānzhe yí jiàn lán lù sè de chènshān. Tóushàng dàizhe yītiáo huāsè shǒupà.

Zhū jìn fángjiān shí, Sūn Wùkōng shénme yě méi shuō. Tā zhǐshì tǎng zài chuángshàng, kàn shàngqù xiàng shēngbìng de yàngzi. Zhū zǒu dào chuáng biān, zhuāzhù le kànqǐlái xiàng nǚhái de hóuzi, yào qīn tā. Dànshì Sūn Wùkōng jǐnjǐn zhuāzhù le yāoguàide bízi, ràng tā zhòng

孩。然后他坐下来等着。

没等很久。一阵很大的风把土和石头吹起，飞在空中。树木倒在地上。动物在森林里不认识路了。江河上下翻[12]动。石头和大山被打碎[13]了。在北部，一部分长城倒下了。

风变小了，一个很大的妖怪出现了。是<u>猪刚鬣</u>。他的黑脸都是短毛。他的鼻子很长，耳朵很大。他穿着一件蓝绿色的衬衫。头上戴着一条花色手帕[14]。

<u>猪</u>进房间时，<u>孙悟空</u>什么也没说。他只是躺在床上，看上去像生病的样子。<u>猪</u>走到床边，抓住了看起来像女孩的猴子，要亲他。但是<u>孙悟空</u>紧紧抓住了妖怪的鼻子，让他重

---

[12] 翻　　fān – to churn
[13] 碎　　suì – to break up
[14] 手帕　shǒupà – handkerchief

孙悟空紧紧抓住了妖怪的鼻子。

Sūn Wùkōng jǐnjǐn zhuāzhù le yāoguài de bízi.

Sun Wukong grabbed the monster's nose tightly.

zhòngdì dào zài dìshàng.

"Wǒ qīn'ài de, kànlái nǐ jīntiān duì wǒ yǒudiǎn
shēngqì," Zhū shuō. "Shì yīnwèi wǒ huíjiā wǎn le ma?"

"Wǒ méiyǒu shēngqì. Dànshì, nǐ rènwéi nǐ kěyǐ lái zhèlǐ
yāoqiú qīn wǒ? Nǐ kànbùchūlái wǒ bù shūfú ma? Nǐ
zhīdào, rúguǒ wǒ gǎnjué hǎoxiē, wǒ huì cóng
chuángshàng qǐlái wèi nǐ kāimén de. Xiànzài tuō yīfú
shuìjiào."

Zhū tuōxià yīfú, dànshì jiù zài yào zhǔnbèi shàng
chuáng de shíhòu, Sūn Wùkōng xià chuáng xiàng
mǎtǒng zǒuqù. "Qīn'ài de qīzi, nǐ yào qù nǎ'er?" Zhū
wèn.

"Wǒ bìxū yào yòng mǎtǒng. Wǒ yòngwán hòu jiù qù
shuìjiào." Ránhòu tā shuōdao: "A, wǒde yùnqì zhēn bù
hǎo."

重地倒在地上。

"我亲爱的，看来你今天对我有点生气，"
猪说。"是因为我回家晚了吗？"

"我没有生气。但是，你认为你可以来这里
要求亲我？你看不出来我不舒服吗？你知
道，如果我感觉好些，我会从床上起来为你
开门的。现在脱衣服睡觉。"

猪脱下衣服，但是就在要准备上床的时候，
孙悟空下床向马桶[15]走去。"亲爱的妻子，
你要去哪儿？"猪问。

"我必须要用马桶。我用完后就去睡觉。"
然后他说道："啊，我的运气[16]真不好。"

---

[15] 马桶   mǎtǒng – chamber pot
[16] 运气   yùnqì – luck

"Wèishénme nǐ shuō nǐ yùnqì bù hǎo? Wǒ shì chī le nǐ jiālǐ de hěnduō shíwù. Dànshì wǒ měitiān dōu hěn nǔlì dì gōngzuò. Wǒ zài cài dì lǐ hé fángzi lǐ gōngzuò. Nǐ chuānzhe guìzhòng de yīfú, shēnshàng yǒu jīn yǒu yín. Nǐmenjiā yìniánsìjì dōu yǒu hěnduō mǐfàn hé cài. Dànshì nǐ háishì kū, shuō nǐ yùnqì bù hǎo. Wèishénme?"

"Jīntiān wǒ bèi bàba mà le. Tā shuō nǐ hěn bù hǎokàn, nǐ bù zhīdào zěnme zuòrén. Nǐ láiláiqùqù dōu shì yízhèn fēngyún. Méiyǒu rén zhīdào nǐ yào qù nǎlǐ. Nǐ huài le wǒmenjiā de míngshēng."

"Wǒ shì bù hǎokàn. Dànshì nǐde jiārén gāngkāishǐ kàndào wǒde shíhòu jiù zhīdào le. Wǒjiā de xìng shì Zhū, wǒmen láizì Fúlíng Shān. Nǐde jiārén dāngrán zhīdào wǒ shì shénme yàngzi. Shì nǐ bàba tóngyì le yǐhòu wǒ jìn le nǐde jiā, gōngzuò fēicháng nǔlì. Tāmen wèishénme jīntiān jiǎng zhège?"

"为什么你说你运气不好？我是吃了你家里的很多食物。但是我每天都很努力地工作。我在菜地里和房子里工作。你穿着贵重的衣服，身上有金有银。你们家一年四季都有很多米饭和菜。但是你还是哭，说你运气不好。为什么？"

"今天我被爸爸骂了。他说你很不好看，你不知道怎么做人。你来来去去都是一阵风云。没有人知道你要去哪里。你坏了我们家的名声。"

"我是不好看。但是你的家人刚开始看到我的时候就知道了。我家的姓是<u>猪</u>，我们来自<u>福陵山</u>[17]。你的家人当然知道我是什么样子。是你爸爸同意了以后我进了你的家，工作非常努力。他们为什么今天讲这个？"

---

[17] 福陵山   Fúlíng Shān – Fuling Mountain

Sūn Wùkōng zuò zài mǎtǒng shàng, xīn xiǎng: "Zhège yāoguài shuō de hái dōushì zhēnde! Tā kànqǐlái bú xiàng shì yígè huàirén." Ránhòu tā duì Zhū shuō: "Wǒde fùmǔ zhèngzài zhǎo fǎshī lái ràng nǐ líkāi."

"Wǒ yīdiǎn dōu bù dānxīn!" Zhū shuō. "Nǐ jiù shuìjiào ba. Zhēn bùyòng dānxīn. Wǒ kěyǐ biànchéng xǔduō bùtóng de yàngzi, duōdé jiù xiàng tiānshàng de Tiāngāng xīng. Wǒ hái yǒu jiǔ chā de bàzi, kěyǐ yòng tā wèi wǔqì."

"Tāmen shuō, tāmen xīwàng zhǎodào yígè jiào Sūn de rén. Tāmen shuō tā shì wǔbǎi nián qián zài tiāngōng zhǎo máfan de Qítiān Dàshèng. Tāmen yào Sūn lái zhèlǐ zhuā nǐ."

Dāng Zhū tīngdào zhège shí, tā gǎndào fēicháng hàipà. "Rúguǒ zhè shì zhēnde, wǒ bìxū líkāi. Wǒmen bùnéng jìxù shēnghuó zàiyīqǐ le! Nàgè Sūn hěn qiángdà. Wǒ dǎbùguò tā."

孙悟空坐在马桶上，心想："这个妖怪说的还都是真的！他看起来不像是一个坏人。"然后他对猪说："我的父母正在找法师来让你离开。"

"我一点都不担心！"猪说。"你就睡觉吧。真不用担心。我可以变成许多不同的样子，多得就像天上的天罡[18]星。我还有九叉的耙子[19]，可以用它为武器。"

"他们说，他们希望找到一个叫孙的人。他们说他是五百年前在天宫找麻烦的齐天大圣。他们要孙来这里抓你。"

当猪听到这个时，他感到非常害怕。"如果这是真的，我必须离开。我们不能继续生活在一起了！那个孙很强大。我打不过他。"

---

[18] 天罡　Tiāngāng – the Heavenly Ladle, a constellation corresponding to the Big Dipper, with 36 stars.

[19] 耙子　bàzi – rake

Zhū hěn kuài chuānhǎo yīfú, zǒudào ménkǒu. Sūn Wùkōng zàicì yáoleyáo shēntǐ, biànhuídào hóuzi de yàngzi. Tā zhuāzhù Zhūde chènshān, hǎndào: "Yāoguài, nǐ xiǎng yào qù nǎlǐ? Kànzhe wǒ, kànkàn wǒ shì shúi!" Zhū kànzhe, kàn dào le Sūn Wùkōng nà zhāng dà máo liǎn. Tā mǎshàng lākāi le chènshān, tā biànchéng le fēng, cóng Sūn de shǒu lǐ táozǒu. Sūn yòng Jīn Gū Bàng dǎ xiàng fēng. Zhū cóng fēng biànchéng tàiyáng guāng, fēihuí Fúlíng Shān de jiāzhōng.

Sūn Wùkōng dàhǎn: "Nǐ yào pǎo qù nǎlǐ? Rúguǒ nǐ fēi shàng tiāngōng, wǒ huì gēn nǐ shàng tiāngōng. Rúguǒ nǐ dào dìxià, wǒ huì gēn nǐ dào dìxià. Nǐ méiyǒu bànfǎ ràng wǒ líkāi!"

Zhū, xiànzài shì tàiyáng guāng de yàng zǐ fēi dào Fúlíng Shān, Sūn Wùkōng jǐngēnzài tāde hòumiàn. Zhū dào le Fúlíng Shān, pǎojìn tāde shāndòng, názhe bàzǐ chūlái. Tā zhǔnbèi zhàndòu.

"Wúfǎwútiān de yāoguài!" Sūn Wùkōng dà hǎn, "Nǐ zěnme zhīdào wǒde míngzì? Xiànzài gàosù wǒ, wǒ kěnéng huì ràng

猪很快穿好衣服，走到门口。孙悟空再次摇了摇身体，变回到猴子的样子。他抓住猪的衬衫，喊道："妖怪，你想要去哪里？看着我，看看我是谁！"猪看着，看到了孙悟空那张大毛脸。他马上拉 开了衬衫，他变成了风，从孙的手里逃走。孙用金箍棒打向风。猪从风变成太阳光，飞回福陵山的家中。

孙悟空大喊："你要跑去哪里？如果你飞上天宫，我会跟你上天宫。如果你到地下，我会跟你到地下。你没有办法让我离开！"

猪，现在是太阳光的样子飞到福陵山，孙悟空紧跟在他的后面。猪到了福陵山，跑进他的山洞，拿着耙子出来。他准备战斗。

"无法无天的妖怪！"孙悟空大喊，"你怎么知道我的名字？现在告诉我，我可能会让

nǐ huó xiàqù!"

"Guòlái, nǐ zhè zhī bù hǎokàn de lǎo hóuzi." Zhū huídá,
"Zuòxià, wǒ huì gàosù nǐ wǒde gùshì." Sūn Wùkōng
ānjìngxiàlái, zuòxiàlái tīng Zhū de gùshì.

"Cóng wǒ xiǎoshíhòu kāishǐ, wǒ jiù búshì hěn
cōngmíng.
Wǒ zhǐshì xiǎng yúkuài shēnghuó, měitiān wán.
Wǒ fēicháng bù xǐhuān gōngzuò, wǒ cónglái bù xiǎng
dúshū.
Yǒuyītiān, wǒ yùdào le yígè shénxiān,
Tā hé wǒ tán lěng tán rè.
Tā gàosù wǒ, yǒuyītiān wǒde shēngmìng huì jiéshù,
Dào nàshí zài gǎibiàn jiù wǎn le.
Wǒ tīng tādehuà, qǐng tā zuò wǒde lǎoshī.
Hěnduōniánlái, wǒ rìrìyèyè dì xuéxí tiānshàngde fāngfǎ.
Zhōngyú wǒ gǎnwù le, fēi shàng le tiāngōng.
Wǒ zài nàlǐ yùdào le Yùhuáng Dàdì,
Tā wèi wǒ jǔxíng le yígè dà yàn.

你活下去！"

"过来，你这只不好看的老猴子。"猪回答，"坐下，我会告诉你我的故事。"孙悟空安静下来，坐下来听猪的故事。

"从我小时候开始，我就不是很聪明。

我只是想愉快生活，每天玩。

我非常不喜欢工作，我从来不想读书。

有一天，我遇到了一个神仙，

他和我谈冷谈热[20]。

他告诉我，有一天我的生命会结束，

到那时再改变就晚了。

我听他的话，请他做我的老师。

很多年来，我日日夜夜地学习天上的方法。

终于我感悟了，飞上了天宫。

我在那里遇到了玉皇大帝，

他为我举行了一个大宴。

---

[20] cold and heat. This is not a reference to the weather, but to the inner alchemy of transformation as taught in Daoism.

"坐下，我会告诉你我的故事。"

"Zuò xià, wǒ huì gàosù nǐ wǒ de gùshì."

"Sit down and I will tell you my story."

Yùhuáng Dàdì gěi le wǒ Tiānpéng Yuánshuài de míngzì,

Gěi le wǒ tā suǒyǒude chuán hé 80,000 míng shìbīng.

Wǒ fēicháng kāixīn!

Nàtiān wǎnxiē shíhòu, wǒ láidào le Wángmǔ

Niángniáng de táohuā yán.

Dànshì wǒ hē le tài duō jiǔ, hēzuì le.

Hēzuì de shíhòu, wǒ yùdào le měilì de yuèliàng nǚshén.

Wǒ shénme dōu méiyǒu xiǎng, jiùyào tā hé wǒ yīqǐ

shàngchuáng shuìjiào. Tā shuō bù.

Wǒ zàicì wèn tā, tā háishì shuō bù.

Wǒ wèn le tā wǔ cì, wǔ cì tā dōu shuō bù.

Wǒ biàndé hěn shēngqì, xiàng léi shēng nàyàng dà hǎn

dà jiào.

Shénxiānmen zhuāzhù le wǒ, bǎ wǒ dàihuídào le

Yùhuáng Dàdì nàlǐ.

Tā zhǔnbèi shā le wǒ.

Dànshì Tàibái Jīnxīng dào le.

Tā xiàng Yùhuáng Dàdì jūgōng

Tā yāoqiú Yùhuáng Dàdì búyào shāsǐ wǒ.

Dànshì, wǒ bèi dǎ le wǔqiān cì.

Ránhòu wǒ bèi sòngchū tiāngōng, xià dào rénjiān,

玉皇大帝给了我天蓬元帅[21]的名字，

给了我他所有的船和 80,000 名士兵。

我非常开心！

那天晚些时候，我来到了王母娘娘的桃花宴。

但是我喝了太多酒，喝醉了。

喝醉的时候，我遇到了美丽的月亮女神。

我什么都没有想，就要她和我一起上床睡觉。她
说不。

我再次问她，她还是说不。

我问了她五次，五次她都说不。

我变得很生气，像雷声那样大喊大叫。

神仙们抓住了我，把我带回到了玉皇大帝那里。

他准备杀了我。

但是太白金星到了。

他向玉皇大帝鞠躬

他要求玉皇大帝不要杀死我。

但是，我被打了五千次。

然后我被送出天宫，下到人间，

---

[21] 天蓬元帅 Tiānpéng Yuánshuài – Marshal of Heaven

Dāng wǒ láidào rénjiān shí, wǒde línghún méiyǒu le.

Wǒ zuìhòu dào le mǔzhū de dùzi lǐ.

Xiànzài, wǒ bìxū yīshēng dōu shì yī zhú dīxià de zhū!"

Sūn Wùkōng zuòzhe tīngzhe Zhū de gùshì. Gùshì jiéshù hòu, tā shuō: "Wǒ yě zài tiāngōng Wángmǔ Niángniáng de táozi yàn shàng. Wǒ yě hēzuì le. Wǒ yě bèi sòngchū tiāngōng. Suǒyǐ, wǒ dǒng nǐde wèntí! Xiànzài wǒ cái zhīdào nǐ zhēnshi Tiānpéng Yuánshuài."

"Shìde, nǐ shì zài tiāngōng zhǎo le nàmedà máfan de kěpà hóuzi! Nǐ zhīdào yǒu duōshǎo rén yīnwèi nǐ hěn tòngkǔ ma? Xiànzài qǐng chī wǒde bàzi, nǐ zhè yāoguài!"

Tāmen kāishǐ dǎ le qǐlái, màláimàqù. Zhū yòng bàzi, hóuzi yòng Jīn Gū Bàng. Tāmen dǎ le yígè wǎnshàng, yīzhí dào dì èr gēng, tàiyáng cóng dōngfāng chūxiàn. Zhū lèi le, méiyǒu bànfǎ zài zhàndòu le. Tā pǎo huí le tāde shāndòng, jǐn bì le mén. Sūn Wùkōng méiyǒu xiǎng dǎ huài mén. Zhǐshì fēi huíqù kàn

当我来到人间时，我的灵魂没有了。

我最后到了母猪[22]的肚子里。

现在，我必须一生都是一只低下的猪！"

孙悟空坐着听着猪的故事。故事结束后，他说："我也在天宫王母娘娘的桃子宴上。我也喝醉了。我也被送出天宫。所以，我懂你的问题！现在我才知道你真是天蓬元帅。"

"是的，你是在天宫找了那么大麻烦的可怕猴子！你知道有多少人因为你很痛苦吗？现在请吃我的耙子，你这妖怪！"

他们开始打了起来，骂来骂去。猪用耙子，猴子用金箍棒。他们打了一个晚上，一直到第二更，太阳从东方出现。猪累了，没有办法再战斗了。他跑回了他的山洞，紧闭了门。孙悟空没有想打坏门。只是飞回去看

---

[22] 母猪　　　mǔ zhū – a sow

猪用耙子，猴子用<u>金箍棒</u>。

Zhū yòng bàzi, hóuzi yòng Jīn Gū Bàng.

The pig used his rake, the monkey used his Golden Hoop Rod.

Tángsēng.

Zhège shíhòu, Tángsēng yígè wǎnshàng dōu zài hé cūnlǐ de lǎorén jiǎnghuà. Sūn Wùkōng dàolái de shíhóu, tā táiqǐ le tóu.

"Shīfu, wǒ huílái le!" Sūn Wùkōng shuō.

"Wùkōng, nǐ yígè wǎnshàng dōu méiyǒu huílái. Yāoguài zài nǎlǐ?"

"Tā búshì yāoguài. Tā shì Tiānpéng Yuánshuài. Tā zǒu le cuò de zàishēng lù, zhè jiùshì wèishénme tā kànshàngqù xiàng Zhū . Dànshì tā běnlái háishì yígè shén. Wǒ yòng wǒde bàng zài fángzi de hòumiàn hé tā zhàndòu, dàn tā biànchéng le yídào guāng, fēi dào Fúlíng Shān. Wǒ gēnzhe tā, wǒmen zàiyīcì zhàndòu. Ránhòu tā pǎojìn le zìjǐde shāndòng. Wǒ xiǎngguò yào dǎ huài shāndòng de mén, dàn wǒ xiān yào huídào zhèlǐ, kànkàn nǐ háihǎo ma."

Shuōwán yǐhòu, Gāo Lǎorén zǒuxiàng qiánlái shuō: "Tiānna, wǒ bìxū shuō. Nǐ bǎ yāoguài dǎ zǒu le, dànshì rúguǒ tā yòu huí

唐僧。

这个时候，唐僧一个晚上都在和村里的老人讲话。孙悟空到来的时侯，他抬起了头。

"师父，我回来了！"孙悟空说。

"悟空，你一个晚上都没有回来。妖怪在哪里？"

"他不是妖怪。他是天蓬元帅。他走了错的再生路，这就是为什么他看上去像猪。但是他本来还是一个神。我用我的棒在房子的后面和他战斗，但他变成了一道光，飞到福陵山。我跟着他，我们再一次战斗。然后他跑进了自己的山洞。我想过要打坏山洞的门，但我先要回到这里，看看你还好吗。"

说完以后，高老人走向前来说："天哪，我必须说。你把妖怪打走了，但是如果他又回

lái le zěnmebàn? Qǐng bǎ yāoguài zhuāzhù, zhèyàng wǒmen jiù bùhuì zài dānxīn le. Wǒ huì hěn gāoxìng de, wǒ huì bǎ wǒ suǒyǒude yíbàn dōu gěi nǐ!"

"Hǎoba, lǎorén, nǐde yāoqiú hěnduō, búshì ma?" Sūn Wùkōng xiàodào. "Wǒ hé nǐde yāoguài tánguò huà. Tā shuō shìde, tā shì chī le hěnduō shíwù, dàn tā yě wèi nǐ zuò le hěnduō gōngzuò. Shìde, tā shì bù hǎokàn, dàn tā dì yī cì lái nǐ jiā de shíhòu nǐ jiù zhīdào le. Tā yīdiǎn dōu méiyǒu shāng hài nǐde nǚ'ér. Kànlái nǐ yīnggāi gǎnxiè Zhū xiānshēng wèi nǐ zuò de suǒyǒu shìqíng." Zài Gāo Lǎo xiǎngyào huídá qián, Sūn Wùkōng yòu fēi huí Fúlíng Shān.

Sūn Wùkōng zài hé Gāo Lǎorén shuōhuà shí, shuō le Zhū de hǎohuà. Dànshì xiànzài tā dǎ huài le dòng mén, duìzhe Zhū dàhǎn: "Chūlái gēn wǒ dǎ, nǐ zhège kǔlì!"

来了怎么办？请把妖怪抓住，这样我们就不会再担心了。我会很高兴的，我会把我所有的一半都给你！"

"好吧，老人，你的要求很多，不是吗？"孙悟空笑道。"我和你的妖怪谈过话。他说是的，他是吃了很多食物，但他也为你做了很多工作。是的，他是不好看，但他第一次来你家的时候你就知道了。他一点都没有伤害你的女儿。看来你应该感谢猪先生为你做的所有事情。"在高老想要回答前，孙悟空又飞回福陵山。

孙悟空在和高老人说话时，说了猪的好话。但是现在他打坏了洞门，对着猪大喊："出来跟我打，你这个苦力[23]！"

---

[23] 苦力　　　　kǔlì – coolie, an unskilled laborer

Cóng shàng cì zhàndòu hòu, Zhū háishì gǎndào hěn lèi,

tā zài shāndòng lǐ xiūxi. Dànshì, dāng tā tīngdào jiào zìjǐ

'pàng kǔlì' shí, tā tiào le qǐlái, zhuā le bàzi, pǎo dào le

shāndòng qián. "Nǐ zhè zhī bèn hóuzi! Nǐ bù dǒng fǎ

ma? Nǐ bùnéng jiù zhèyàng dǎ huài biérénde mén. Nǐ

zhè shì fànfǎ, kěyǐ bèi shāsǐ de!"

"A, nà nǐ ne? Nǐ bǎ yígè niánqīng de nǚhái cóng tāde

jiālǐ dàizǒu. Nǐ méiyǒu gěi tā de jiārén sòng chá sòng

jiǔ. Nǐ gèng méiyǒu qǐng méirén. Zài wǒ yǎn lǐ, nǐ jiùshì

fànfǎ, búshì wǒ."

"Xiànzài búshì tánhuà de shíhòu. Shì shíhòu ràng nǐ lái

chī wǒde bàzi le!"

"Hāhā! Nàgè dōngxī? Nǐ búshì yòng nàgè bàzi zài cài dì

lǐ zhòng cài ma?"

从上次战斗后，猪还是感到很累，他在山洞里休息。但是，当他听到叫自己 '胖苦力' 时，他跳了起来，抓了耙子，跑到了山洞前。"你这只笨猴子！你不懂法吗？你不能就这样打坏别人的门。你这是犯法[24]，可以被杀死的！"

"啊，那你呢？你把一个年轻的女孩从她的家里带走。你没有给她的家人送茶送酒。你更没有请媒人[25]。在我眼里，你就是犯法，不是我。"

"现在不是谈话的时候。是时候让你来吃我的耙子了！"

"哈哈！那个东西？你不是用那个耙子在菜地里种菜吗？"

---

[24] 犯法   fànfǎ – criminal
[25] 媒人   méirén – matchmaker

"Búyào nàme shuō! Zhèshì tiāndìshàng zuì hǎo de wǔqì. Shì Yùhuáng Dàdì gěi wǒ de. Tā shì yòng zuì hǎo de gāng zuòchéng de. Tiānshàng de suǒyǒu shìbīng dōu pà tā, dìyù lǐ de shí gè guówáng dōu xiàng tā jūgōng. Nǐ kěnéng shì yī zhī shí hóu, dànshì wǒ de bàzi huì bǎ nǐde tóu dǎ suì!"

Sūn Wùkōng zhǐshì xiàolexiào. Tā fàngxià tāde Jīn Gū Bàng, zhàn zài Zhū de miànqián. Tā shuō: "Hǎo, ràng wǒmen kànkàn shìbúshì zhēnde. Láiba, yònglì dǎ wǒde tóu."

Zhū yònglì bǎ bàzi dǎ dào hóuzide tóushàng. Tā dǎdào tāde tóu, yòu tán le huílái. Sūnde tóu yīdiǎn yě méiyǒu bèi dǎ huài. Zhū hěn hàipà, tāde shuāng tuǐ kāishǐ zhànbùzhù le, tā fàngxià le bàzi. "Zhè shì shénme tóu a," tā qīngqīng shuōdao.

"不要那么说！这是天地上最好的武器。是玉皇大帝给我的。它是用最好的钢做成的。天上的所有士兵都怕它，地狱里的十个国王都向它鞠躬。你可能是一只石猴，但是我的耙子会把你的头打碎！"

孙悟空只是笑了笑。他放下他的金箍棒，站在猪的面前。他说："好，让我们看看是不是真的。来吧，用力打我的头。"

猪用力把耙子打到猴子的头上。它打到他的头，又弹[26]了回来。 孙的头一点也没有被打坏。猪很害怕，他的双腿开始站不住了，他放下了耙子。"这是什么头啊，"他轻轻说道。

---

[26] 弹　　　tàn – to bounce

"Nǐ bù zhīdào ma?" Sūn Wùkōng shuō. "Wǔbǎi nián qián, dāng wǒ zài tiāngōng zhǎo máfan shí, Tàishàng Lǎojūn bǎ wǒ fàng zài huǒpén lǐ, shāo le wǒ sān gè xīngqí. Huǒ ràng wǒ biàndé qiángzhuàng. Xiànzài wǒ yǒu huǒyǎnjīnjīng, tóng tóu tiě bì. Láiba, zài dǎ wǒ jǐ cì, nǐ zìjǐ kànkànba!"

"Hóuzi," Zhū shuō, "wǒ jìdé hěnjiǔ yǐqián. Nǐ zhùzài Àolái guó de Huāguǒ Shān shàng. Nǐ zài tiāngōng zhǎo le hěnduō máfan. Hěnduō nián dōu méiyǒu rén jiàn dào guò nǐ. Xiànzài nǐ zài zhèlǐ. Shì wǒ qīzi de bàba bǎ nǐ dài dào zhèlǐ lái de ma?"

"Bù, nǐ qīzi de bàba méiyǒu jiào wǒ lái. Zhème duō nián lái, wǒ zǒu zài cuò de lùshàng, dàn xiànzài wǒ zǒu zài duì de lùshàng. Wǒ zhèng hé yī wèi shèng sēng, Táng Huángdì de xiōngdì yīqǐ xīxíng, wǒmen yào qù xīfāng zhǎo fú shū. Wǒmen dào le gāocūn, xiǎng zài nàlǐ zhù yígè wǎnshàng. Shì Gāo Lǎorén ràng wǒmen bāngzhù tāde nǚ'ér. Yīnwèi nǐ, tā bù gāoxìng, nǐ zhège pàng kǔlì!"

"你不知道吗？"孙悟空说。"五百年前，当我在天宫找麻烦时，太上老君把我放在火盆里，烧了我三个星期。火让我变得强壮。现在我有火眼金睛，铜头铁臂。来吧，再打我几次，你自己看看吧！"

"猴子，"猪说，"我记得很久以前。你住在奥莱国的花果山上。你在天宫找了很多麻烦。很多年都没有人见到过你。现在你在这里。是我妻子的爸爸把你带到这里来的吗？"

"不，你妻子的爸爸没有叫我来。这么多年来，我走在错的路上，但现在我走在对的路上。我正和一位圣僧、唐皇帝的兄弟一起西行，我们要去西方找佛书。我们到了高村，想在那里住一个晚上。是高老人让我们帮助他的女儿。因为你，她不高兴，你这个胖苦力！"

Sūn Wùkōng xiǎng, jiào tā 'pàng kǔlì' huì ràng Zhū zàicì shēngqì. Dàn Zhū fàngxià bàzi shuō: "Zhè wèi shèng sēng zài nǎlǐ? Nǐ néng bǎ wǒ jièshào gěi tā ma?"

"Wèishénme?" Sūn Wùkōng gǎndào hěn qíguài.

"Wǒde yī wèi lǎoshī shì Guānyīn púsà. Tā jiào wǒ xuéxí, chī sùshí, zài zhèlǐ děng xīyóu de shèng sēng. Dāng yùjiàn tā shí, wǒ yào hé tā yīqǐ qù xiūchéng zhèngguǒ. Nǐ shì shèng sēng de túdì, nǐ wèishénme bù zǎodiǎn shuōqǐ tā ne? Nǐ wèishénme yào duì wǒ dà hǎn, mà wǒ, dǎ wǒ, dǎ huài wǒde mén?"

"Gàosù wǒ shénme shìqíng, nǐ zhège pàng kǔlì. Rúguǒ nǐ zhēnde xiǎng jiàn shèng sēng, nǐ bìxū miànduì tiāngōng shuō nǐ zài jiǎng zhēn huà!"

Mǎshàng, Zhū guì le xiàlái, kuàikuài dì jūgōng, hǎoxiàng zài yòng tóu dǎ mǐ. "Shèng sēng!" tā hǎndào, "Rúguǒ wǒ bù jiǎng zhēn huà, xiànzài jiù shāsǐ wǒ ba!"

孙悟空想，叫他'胖苦力'会让猪再次生气。但猪放下耙子说："这位圣僧在哪里？你能把我介绍给他吗？"

"为什么？"孙悟空感到很奇怪。

"我的一位老师是观音菩萨。她教我学习，吃素食，在这里等西游的圣僧。当遇见他时，我要和他一起去修成正果。你是圣僧的徒弟，你为什么不早点说起他呢？你为什么要对我大喊，骂我，打我，打坏我的门？"

"告诉我什么事情，你这个胖苦力。如果你真的想见圣僧，你必须面对天宫说你在讲真话！"

马上，猪跪了下来，快快地鞠躬，好像在用头打米。"圣僧！"他喊道，"如果我不讲真话，现在就杀死我吧！"

猪跪了下来，快快地鞠躬，好像在用头打米。

Zhū guì le xiàlái, kuàikuài dì jūgōng, hǎoxiàng zài yòng tóu dǎ mǐ.

The pig knelt down and bowed so rapidly that it looked like he was pounding rice with his head.

Sūn Wùkōng xiǎng: "Hǎoba, wǒ xiǎng tā zhè shì zài shuō zhēn huà!" Tā duì Zhū shuō: "Hǎoba. Bǎ zhège shāndòng lǐ de suǒyǒu dōngxī dū shāo le, ránhòu líkāi zhèlǐ."

Zhū náqǐ shāohuǒ mù, dàijìn shāndòng, diǎn le huǒ. Dòng lǐ de suǒyǒu dōngxī dōu shāo le qǐlái. Ránhòu Sūn Wùkōng shuō: "Xiànzài gěi wǒ nǐde bàzi." Tā zài bàzi shàng chuī le yī kǒu qì, bàzi biànchéng le yī gēn shéngzi, ránhòu yòng shéngzi bǎ Zhūde shǒu kǔn zài yīqǐ. Zhū méiyǒu hǎn yě méiyǒu dòu. Tāmen yīqǐ fēi huí Gāo cūn.

Tāmen dào le Gāo cūn. Sūn duì Zhū shuō: "Kàn, nà shì wǒde shīfu." Zhū dǎo zài Tángsēng miànqián, kētóu shuō: "Shīfu, nínde túdì hěn duìbùqǐ nín, méiyǒu lái jiàn nín. Rúguǒ wǒ zhīdào nín zài zhèlǐ, wǒ mǎshàng jiù huì lái de."

孙悟空想："好吧，我想他这是在说真话！"他对猪说："好吧。把这个山洞里的所有东西都烧了，然后离开这里。"

猪拿起烧火木，带进山洞，点了火。洞里的所有东西都烧了起来。然后孙悟空说："现在给我你的耙子。"他在耙子上吹了一口气，耙子变成了一根绳子，然后用绳子把猪的手捆在一起。猪没有喊也没有斗。他们一起飞回高村。

他们到了高村。孙对猪说："看，那是我的师父。"猪倒在唐僧面前，磕头[27]说："师父，您的徒弟很对不起您，没有来见您。如果我知道您在这里，我马上就会来的。"

---

[27] 磕头   kētóu – to kowtow (kneel and touch the ground with the forehead in submission)

"Wùkōng," Tángsēng shuō, "zhè shì zěnme huí shì? Gàosù wǒ fāshēng le shénme." Dànshì Sūn Wùkōng zhǐshì yòng Jīn Gū Bàng zài Zhūde tóu hòu dǎ le yīxià. Tā gàosù Zhū: "Shuōba!" Suǒyǐ Zhū gàosù Tángsēng tā zài tiāngōng de máfan, hé Guānyīn de jiànmiàn, huí dào rénjiān, hé Sūn Wùkōng zhàndòu de shì.

Tángsēng hěn gāoxìng tīngdào zhège gùshì. Tā zhuǎnxiàng gāo lǎorén. "Qīn'ài de xiānshēng," tā shuō, "wǒ kěyǐ yòng yīxià nǐde xiāng zhuō ma?" Gāo Lǎo nálái le zhuōzi. Tángsēng xǐ le shǒu, ránhòu diǎn le xiāng. Tā xiàng nánfāng jūgōng, gǎnxiè Guānyīn de bāngzhù. Suǒyǒu de lǎorén dōu lái le, bǎ gèng duō de xiāng fàng zài zhuōzishàng. Tángsēng yào Sūn Wùkōng bǎ shéngzi cóng Zhūde shǒu shàng ná diào.

"Xiànzài," Tángsēng duì Zhū shuō: "Nǐ shì wǒde túdì. Wǒ bìxū gěi nǐ yígè xīn míngzì."

"悟空，"唐僧说，"这是怎么回事？告诉我发生了什么。"但是孙悟空只是用金箍棒在猪的头后打了一下。他告诉猪："说吧！"所以猪告诉唐僧他在天宫的麻烦，和观音的见面，回到人间，和孙悟空战斗的事。

唐僧很高兴听到这个故事。他转向高老人。"亲爱的先生，"他说，"我可以用一下你的香桌吗？"高老拿来了桌子。唐僧洗了手，然后点了香。他向南方鞠躬，感谢观音的帮助。所有的老人都来了，把更多的香放在桌子上。唐僧要孙悟空把绳子从猪的手上拿掉。

"现在，"唐僧对猪说："你是我的徒弟。我必须给你一个新名字。"

"Shīfu," Zhū dádào: "wǒde lǎoshī Guānyīn yǐjīng gěi wǒ yígè míngzì, Zhū Wùnéng."

"Nà shìgè hǎo míngzì! Nǐde gēge jiào Wùkōng, nǐ jiào Wùnéng."

"Shīfu, dāng wǒ chéngwéi Guānyīn púsà de xuéshēng shí, tā gàosù wǒ, wǒ bùnéng chī wǔ zhǒng bùhǎowén de shíwù hé sān zhǒng ròu. Cóng nà shí qǐ, wǒ zhǐ chī sùshí. Xiànzài wǒ shì nǐde túdì, wǒ shìbùshì kěyǐ chī nàxiē shíwù le?"

"Bù, bù, bù," Tángsēng huídá. "Dànshì, yīnwèi nǐ yǐjīng bù chī wǔ zhǒng bùhǎowén de shíwù hé sān zhǒng ròu, wǒ gěi nǐ lìng yígè míngzì: Bājiè, yìsi shì 'bā jiàn bùnéng zuò de shì'。"

"师父，"猪答道："我的老师观音已经给我一个名字，猪悟能[28]。"

"那是个好名字！你的哥哥叫悟空，你叫悟能。"

"师父，当我成为观音菩萨的学生时，她告诉我，我不能吃五种不好闻的食物和三种肉。从那时起，我只吃素食。现在我是你的徒弟，我是不是可以吃那些食物了？"

"不，不，不，"唐僧回答。"但是，因为你已经不吃五种不好闻的食物和三种肉，我给你另一个名字：八戒[29]，意思是'八件不能做的事'。"

---

[28] 猪悟能　　Zhū Wùnéng – literally, Pig Awaken to Power

[29] 八戒　　Bā Jiè – This is a little joke. The five stinking (and forbidden) vegetables are onions, garlic, chives, green onions and leeks. The three forbidden meats are probably wild goose, dog, and snake. But Eight Rules (or, to be more precise, Eight Prohibitions) is not simply the sum of these. It probably also refers to the practices of the Eightfold Path of Buddhism.

"Xièxiè shīfu." Zhū Bājiè shuō. "Xiànzài, wǒ néng qǐng wǒ dīxià de qī zǐ chūlái jiàn nín hé gēge ma?"

"Dìdi," Sūn Wùkōng xiàodào, "nǐ xiànzài shì héshàng. Shì, yǒuxiē dàojiā héshàng yǒu qīzi. Dànshì nǐ tīngshuōguò yǒu jiéhūn de fú jiā héshàng ma? Wàng le nǐ de qīzi ba. Zuò xiàlái hǎohǎo chī nǐde sùshí. Hěn kuài wǒmen jiù yào líkāi jìxù xīyóu!"

Suǒyǐ tāmen dōu chī le yī dùn hàochī de sùshí. Gāo lǎorén náchū yīxiē jiǔ. Tángsēng méiyǒu hējiǔ. Tā gàosù Sūn Wùkōng hé Zhū Bājiè, zhǐyào bù hēzuì jiǔ, bù zhǎo máfan, jiù kěyǐ hè yīdiǎn.

Wǎnfàn hòu, Gāo Lǎorén náchū yígè pánzi, shàngmiàn fàngzhe liǎng bǎi gè jīnqián yínqián. Tā bǎ tāmen gěi kèrén, shuō zhè shì gěi tāmen zài lùshàng yòng de qián. Tángsēng shuō tāmen bùnéng ná zhèxiē qián. Dànshì Sūn Wùkōng yībǎ zhuāqǐ le qián, sòng gěi le niánqīng rén Gāo Cái, gǎnxiè tāde bāngzhù.

"谢谢师父。"猪八戒说。"现在，我能请我低下的妻子出来见您和哥哥吗？"

"弟弟，"孙悟空笑道，"你现在是和尚。是，有些道家和尚有妻子。但是你听说过有结婚的佛家和尚吗？忘了你的妻子吧。坐下来好好吃你的素食。很快我们就要离开继续西游！"

所以他们都吃了一顿好吃的素食。高老人拿出一些酒。唐僧没有喝酒。他告诉孙悟空和猪八戒，只要不喝醉酒，不找麻烦，就可以喝一点。

晚饭后，高老人拿出一个盘子，上面放着两百个金钱银钱。他把它们给客人，说这是给他们在路上用的钱。唐僧说他们不能拿这些钱。但是孙悟空一把抓起了钱，送给了年轻人高才，感谢他的帮助。

Ránhòu Gāo Lǎorén náchū le sān jiàn piàoliang de sēngyī. Tángsēng shuō tāmen bùnéng ná sēngyī. Dàn Zhū wèn tā shìbùshì kěyǐ ná yí jiàn, yīnwèi tā chuān de sēngyī zài zhàndòu zhōng bèi Sūn Wùkōng dǎ huài le. Tángsēng tóngyì le.

Zǎoshang, tāmen jìxù tāmen de xīyóu. Zhū Bājiè zǒu zài hòumiàn, názhe xíngli, xíngli kǔn zài yī gēn chángcháng de bàng shàng. Tángsēng zài zhōngjiān, qízhe tāde báimǎ. Sūn Wùkōng yílù zǒu zài zuì qiánmiàn dàilù, Jīn Gū Bàng fàng zài tāde bèi shàng.

Tāmen zǒu le jìn yīgè yuè, líkāi le Wūsīcáng xiàng xī zǒuqù. Yǒuyītiān, tāmen kàndào yuǎnyuǎn de yízuò gāoshān. "Zhè shì shénme shān?" Tángsēng wèn.

Zhū shuō: "Zhè jiùshì Fútú Shān. Yí wèi chánshī zhù zài nàlǐ. Wǒ jiànguò tā, tā qǐng wǒ hé tā zhù zài yīqǐ, dàn wǒ méiyǒu nàyàng zuò." Tāmen lí shān yuèláiyuèjìn le. Tāmen

然后高老人拿出了三件漂亮的僧衣。唐僧说他们不能拿僧衣。但猪问他是不是可以拿一件，因为他穿的僧衣在战斗中被孙悟空打坏了。唐僧同意了。

早上，他们继续他们的西游。猪八戒走在后面，拿着行李，行李捆在一根长长的棒上。唐僧在中间，骑着他的白马。孙悟空一路走在最前面带路，金箍棒放在他的背上。

他们走了近一个月，离开了乌斯藏向西走去。有一天，他们看到远远的一座高山。"这是什么山？"唐僧问。

猪说："这就是浮屠山。一位禅[30]师住在那里。我见过他，他请我和他住在一起，但我没有那样做。"他们离山越来越近了。他们

---

[30] 禅   Chán – a Chinese school of Mahayana Buddhism, better known in the West as Zen.

tīngdào qiānqiān wànwàn zhī xiǎoniǎo zài yīqǐ chàng yīqǐ fēi. Tāmen kàndào qiān duǒ huā, yītiáo lǜsè de xiǎo xī cóng shānshàng liúxià. Táitóu kàn, tāmen kànjiàn le yī kē dà shù. Zài shùzhī shàng yǒu yīgè yòng mù hé cǎo zuòchéngde dà cháo. Cháo li yǒu yī gè rén.

"Kàn!" Zhū shuō. "Nà shì chánshī."

Zài tāmen kànzhe de shíhóu, chánshī cóng cháo zhōng tiào xiàlái xiàng tāmen wènhǎo. Tángsēng xiàmǎ xiàng tā jūgōng. Chánshī shuō: "Qǐng qǐlái. Huānyíng láidào wǒ Fútú Shān de jiā!" Ránhòu kànzhe Zhū, tā shuō: "Wǒ rènshì nǐ! Nǐ shì Fúlíng Shān de Zhū Gāngliè!" Zài kànzhe Sūn Wùkōng, tā shuō: "Nǐ shì shúi?"

Sūn Wùkōng xiàozhe shuō: "Suǒyǐ, nǐ rènshì nà zhī lǎo Zhū, dànshì nǐ bú rènshì wǒ?"

"Wǒ bù gāoxìng jiàndào nǐ," chánshī huídá.

听到千千万万只小鸟在一起唱一起飞。他们看到千朵[31]花，一条绿色的小溪从山上流下。抬头看，他们看见了一棵大树。在树枝上有一个用木和草做成的大巢[32]。巢里有一个人。

"看！"猪说。"那是禅师。"

在他们看着的时侯，禅师从巢中跳下来向他们问好。唐僧下马向他鞠躬。禅师说："请起来。欢迎来到我浮屠山的家！"然后看着猪，他说："我认识你！你是福陵山的猪刚鬣！"再看着孙悟空，他说："你是谁？"

孙悟空笑着说："所以，你认识那只老猪，但是你不认识我？"

"我不高兴见到你，"禅师回答。

---

[31] 朵   duǒ – measure word for flowers
[32] 巢   cháo – nest

"Zhè shì wǒ de dà túdì, Sūn Wùkōng," Tángsēng shuō.

"Qǐng gàosù wǒ, qù Dàléiyīnsì Shān yǒu duō yuǎn?"

"A, hěn yuǎn! Zhè tiáo lù hěn cháng hěn wéixiǎn. Nǐ zǒng yǒu yītiān huì dào Dàléiyīnsì shān. Wǒ xiǎng wǒ kěyǐ bāng nǐ yīdiǎn. Wǒ zhèli yǒu yígè tèbié de fú yǔ. Zhè shì chéng fó de rùmén. Rúguǒ yùdào máfan, zhǐyào shuō chū fú yǔ, jiù bú huì yǒu máfan."

"Qǐng gěi wǒmen nǐde fú yǔ, dà sēng!" Tángsēng hǎndào. Chánshī shuō le fú yǔ. Zhèshì 54 gè jùzi hé 270 gè zì de fú yǔ. Tángsēng tīng le yīcì, jiù dōu jìzhù le.

Chánshī jiǎngwán fú yǔ hòu, tā jiù zhǔnbèi huídào shù shàng de cháo lǐ. Dànshì Tángsēng wèn tā: "Qǐng gàosù wǒmen qù dà Léiyīn shān de lù!"

"这是我的大徒弟，孙悟空，"唐僧说。
"请告诉我，去大雷音寺山有多远？"

"啊，很远！这条路很长很危险。你总有一天会到大雷音寺山。我想我可以帮你一点。我这里有一个特别的佛语[33]。这是成佛的入门。如果遇到麻烦，只要说出佛语，就不会有麻烦。"

"请给我们你的佛语，大僧！"唐僧喊道。禅师说了佛语。这是 54 个句子和 270 个字的佛语。唐僧听了一次，就都记住了。

禅师讲完佛语后，他就准备回到树上的巢里。但是唐僧问他："请告诉我们去大雷音山的路！"

---

[33] 佛语　　fú yǔ – literally, 'Buddha's verse'. This is the heart sutra, the most commonly recited scripture in East Asian Buddhism, said to have been written in India and brought to China by Tangseng in the 7th Century.

Chánshī dàxiàozhe shuō:

"Tīng wǒde huà.

Zhè tiáo lù bù nán zǒu.

Nǐ huì kàndào qiān zuò shān xǔduō tiáo shēn hé.

Dāng nǐ láidào gāogāo de xuányá biān shí,

Bǎ nǐde jiǎo fàng xiàng liǎngbiān.

Zài Hēi Sōnglín yào xiǎoxīn,

Shénmen huì bú ràng nǐmen zǒu.

Nǐ huì yùjiàn xǔduō yāoguài hé shùlín lǐ de dòngwù.

Yī zhī lǎo zhū názhe yī gēn cháng bàng.

Nǐ huì jiàndào shuǐshén.

Nǐ yǐjīng jiàndào le yī zhī shēngqì de lǎo shí hóu,

tā zhīdào qù xīfāng de lù!"

Ránhòu, chánshī biànchéng yīdào guāng, huídào tā zài
shùshàngde cháo lǐ. Sūn Wùkōng shēngqì le, xiǎng yào
yòng tāde Jīn Gū Bàng dǎ dà cháo, dàn tāde bàng
biànchéng le xǔduō xǔduō yánsè de huā.

禅师大笑着说：

"听我的话。
这条路不难走。
你会看到千座山许多条深河。
当你来到高高的悬崖[34]边时，
把你的脚放向两边。
在黑松林[35]要小心，
神们会不让你们走。
你会遇见许多妖怪和树林里的动物。
一只老猪拿着一根长棒。
你会见到水神。
你已经见到了一只生气的老石猴，
他知道去西方的路！"

然后，禅师变成一道光，回到他在树上的巢里。孙悟空生气了，想要用他的金箍棒打大巢，但他的棒变成了许多许多颜色的花。

---

[34] 悬崖　　　xuányá – cliff
[35] 黑松林　　Hēi Sōnglín – Black Pine Forest

"Búyào xiǎngzhe dǎ chánshī!" Tángsēng shuō. "Nǐ wèishénme nàyàng zuò?"

"Nǐ bù míngbái ma?" Sūn Wùkōng huídá. "Tā mà le nǐ de túdì Zhū . Tā jiào wǒ shēngqì de lǎo shí hóu." Tīng chánshī shuō Sūn Wùkōng zhīdào qù xībian de lù, Sūn Wùkōng yě hěn bù gāoxìng, dàn tā méi shuō shénme.

"Búyòng dānxīn," Zhū shuō. "Ràng wǒmen kànkàn tā de huà shìbùshì zhēnde. Ràng wǒmen kànkàn wǒmen shìbùshì néng zǒudào gāogāo de xuányá, Hēi Sōnglín, shìbùshì huì yùdào shuǐshén. Ránhòu wǒmen jiù zhīdào le."

Ránhòu, sān gè rén zàicì kāishǐ xīyóu. Tāmen zǒu le hǎojǐtiān, hǎojǐzhōu, hǎojǐgè yuè. Qiūtiān biànchéng dōngtiān, dōngtiān biànchéng chūntiān, xiàtiān dào le. Tángsēng měitiān dōu zàidúzhe chánshī de fú yǔ, zhè wèi tāde wùxìng dǎkāi le dàmén. Tāde shēntǐ hé xīnlǐ dōu shì shén guāng.

"不要想着打禅师！"唐僧说。"你为什么那样做？"

"你不明白吗？"孙悟空回答。"他骂了你的徒弟猪。他叫我生气的老石猴。" 听禅师说孙悟空知道去西边的路，孙悟空也很不高兴，但他没说什么。

"不用担心，"猪说。"让我们看看他的话是不是真的。让我们看看我们是不是能走到高高的悬崖、黑松林，是不是会遇到水神。然后我们就知道了。"

然后，三个人再次开始西游。他们走了好几天、好几周、好几个月。秋天变成冬天，冬天变成春天，夏天到了。唐僧每天都在读着禅师的佛语，这为他的悟性打开了大门。他的身体和心里都是神光。

Zhū Wùnéng yīzhí hěn è. Rúguǒ tāmen zài yígè cūnzi nádào shíwù, Sūn Wùkōng hé Tángsēng huì chī liǎng wǎn mǐfàn, dàn Zhū yǒushí huì chī shí wǎn mǐfàn. Zài méiyǒu shíwù de shíhòu Zhū huì bù gāoxìng, tā hái hěn bù gāoxìng de shuō tā xiǎng tāde jiārén le. Zuìhòu Tángsēng duì tā shuō: "Wùnéng, tīngqǐlái nǐde xīn zài xiǎng nǐde jiārén. Rúguǒ zhèshì zhēnde, nàme xiànzài jiù kěnéng búshì nǐ yàode duìde lù. Kěnéng nǐ yīnggāi líkāi wǒmen, huí nǐde jiā."

Dāng tā tīngdào zhèxiē huà shí, tā guìxià shuōdao: "Shīfu, qǐng búyào bǎ wǒ sòng huí jiā. Guānyīn púsà gàosù wǒ, wǒ yīnggāi gēn nǐ zǒu, nǐ duì wǒ hěn hǎo. Qǐng ràng wǒ liú xiàlái!" Suǒyǐ, Tángsēng ràng Zhū liúle xiàlái.

Jǐ gè xīngqí yǐhòu, xiàng chánshī shuō de nàyàng tāmen láidàole xuányá shàng. Xiàng chánshī shuō de nàyàng, Tángsēng zuò zài mǎ bèi biānshàng. Tā cóng xuányá shàng wǎng xià kàn. Xuányá yǒu yī wàn chǐ shēn, hěn shēn, jiùxiàng tā yīzhí kěyǐ dào dìyù.

猪悟能一直很饿。如果他们在一个村子拿到食物，孙悟空和唐僧会吃两碗米饭，但猪有时会吃十碗米饭。在没有食物的时候猪会不高兴，他还很不高兴地说他想他的家人了。最后唐僧对他说："悟能，听起来你的心在想你的家人。如果这是真的，那么现在就可能不是你要的对的路。可能你应该离开我们，回你的家。"

当他听到这些话时，他跪下说道："师父，请不要把我送回家。观音菩萨告诉我，我应该跟你走，你对我很好。请让我留下来！"所以，唐僧让猪留了下来。

几个星期以后，像禅师说的那样他们来到了悬崖上。像禅师说的那样，唐僧坐在马背边上。他从悬崖上往下看。悬崖有一万尺深，很深，就像它一直可以到地狱。

像禅师说的那样他们来到了悬崖上。

Xiàng chánshī shuō de nàyàng tāmen lái dàole xuányá shàng.

They came to a high cliff, just as the Chan Master had said.

Sān gè rén zài xuányá biān mànman de, xiǎoxīn de zǒuzhe. Túrán dàfēng qǐ. Tángsēng hé Zhū dōu hěn hàipà, dànshì Sūn Wùkōng zhàn zài fēng zhōng, yīdiǎn yě bú hàipà.

"Gēge," Zhū shuō: "Xiǎoxīn, zhè fēng tài dà le!"

"Nǐmen wèishénme hàipà?" Sūn Wùkōng wèn. "Zhè fēng méiyǒu wèntí. Rúguǒ miànduìmiàn yùdào yígè yāoguài, nǐmen huì zěnme zuò?"

"Zhǐyào děng yīhuǐ'er, wǒmen bú huì yǒu shénme shì de." Zhū huídá.

"Bié shuōhuà le. Wǒ yǒu zhuāzhù fēng de mófǎ. Wǒ huì zhuāzhù zhè fēng, wénwén tā." Tā děngdào fēng tóu guòqù, ránhòu zhuāzhù fēng de wěibā. Tā bǎ tā fàng zài bízi shàng, wénlewén. "Shìde, zhè bùshì hǎo fēng. Tā wénqǐlái xiàng lǎohǔ, huòzhě shì yāoguài."

Túrán, yī zhī dà lǎohǔ chūxiàn zài lùshàng, jiù zài tāmen miànqián. Tā hòutuǐ zhàn le qǐlái, dàjiàozhe. Tángsēng xià huài

三个人在悬崖边慢慢地、小心地走着。突然大风起。唐僧和猪都很害怕，但是孙悟空站在风中，一点也不害怕。

"哥哥，"猪说："小心，这风太大了！"

"你们为什么害怕？"孙悟空问。"这风没有问题。如果面对面遇到一个妖怪，你们会怎么做？"

"只要等一会儿，我们不会有什么事的。"猪回答。

"别说话了。我有抓住风的魔法。我会抓住这风，闻闻它。"他等到风头过去，然后抓住风的尾巴。他把它放在鼻子上，闻了闻。"是的，这不是好风。它闻起来像老虎，或者是妖怪。"

突然，一只大老虎出现在路上，就在他们面前。它后腿站了起来，大叫着。唐僧吓坏

le, dào zài dìshàng. Zhū rēngxià xínglǐ, zhuāqǐ bàzi dǎ lǎohǔ, dà hǎn, "Nǐ zhè yāoguài, nǐ yào qù nǎlǐ?"

Dànshì lǎohǔ jǔqǐ le zuǒqián zhuǎ, cóng jǐng dào dùzi qiēkāi le zìjǐde pí. Tā cóng zìjǐde pí lǐ zǒu le chūlái, zhàn zài sān rén de miànqián. Tā háishì lǎohǔ, dàn xiànzài tā shēnshang dōu shì hónghóng de xuè, kàn shàngqù bǐ yǐqián gèng kěpà. Lǎohǔ dà hǎn: "Děng yīxià! Wǒ bùshì pǔtōng de lǎohǔ. Wǒ shì Huáng Fēng Dàwáng jūnduì lǐ kāilù de. Dàwáng gàosù wǒ kànzhe zhè zuò shān, zhuāzhù rènhé cóng zhèlǐ zǒuguò de rén, ránhòu bǎ tāmen dài gěi dàwáng chī wǎnfàn. Nǐmen sān gè kànqǐlái hěn hàochī."

"Nǐ bú rènshì wǒmen ma?" Zhū hǎndào. "Wǒmen shì Táng Huángdì xiōngdì, Tángsēngde túdì. Wǒmen zhèng qiánwǎng xītiān zhǎo fú shū, ránhòu bǎ tā dài huí dōngfāng. Dào biānshàngqù, ràng wǒmen zǒu, nǐ kěyǐ huó. Rúguǒ bú nàyàng zuò, wǒde bàzi

了，倒在地上。猪扔下行李，抓起耙子打老虎，大喊，"你这妖怪，你要去哪里？"

但是老虎举起了左前爪，从颈到肚子切开了自己的皮。他从自己的皮里走了出来，站在三人的面前。他还是老虎，但现在他身上都是红红的血，看上去比以前更可怕。老虎大喊："等一下！我不是普通的老虎。我是黄风大王[36]军队里开路的。大王告诉我看着这座山，抓住任何从这里走过的人，然后把他们带给大王吃晚饭。你们三个看起来很好吃。"

"你不认识我们吗？"猪喊道。"我们是唐皇帝兄弟，唐僧的徒弟。我们正前往西天找佛书，然后把它带回东方。到边上去，让我们走，你可以活。如果不那样做，我的耙子

---

huì shì nǐ zuìhòu de lǎoshī!"

Zhū kāishǐ hé lǎohǔ yāoguài dǎqǐlái. Yāoguài yǒu zhuǎzi dàn méiyǒu qítā wǔqì, suǒyǐ tā hěn kuài táo dào le yígè shāndòng, zài nàlǐ tā náqǐ le yīshuāng jīn jiàn, jìxù zhàndòu.

Sūn Wùkōng bǎ Tángsēng cóng mǎbèi shàng bàoqǐlái, fàngdào dìshàng shuō: "Shīfu, bié dānxīn. Nín zài zhèlǐ xiūxi, wǒ qù bāngzhù Zhū hé yāoguài zhàndòu." Ránhòu, Zhū hé hóuzi gēnzhe lǎohǔ yāoguài dào le shānxià. Lǎohǔ yāoguài yòng zìjǐde pí bāo le yíkuài dà shítou, ránhòu biànchéng le fēng. Tā xiàng fēng yíyàng fēiguò Zhū hé Sūn Wùkōng.

Dāng lǎohǔ yāoguài jīngguò shí, tā dītóu kàndào Tángsēng zuò zài dìshàng. Tā hěn kuài zhuāqǐ Tángsēng, zài fēng shàng dàizhe tā huí Huáng Fēng Dàwáng de shāndòng. Dāng tā láidào shāndòng shí, tā duì tāde yī míng shìbīng shuō: "Kuài, qù gàosù dàwáng, wǒ zhuādào le yí wèi fēicháng hàochī de héshàng. Wǒ děng dàwángde huà!" Shìbīng hěn kuài huílái, ràng lǎohǔ yāoguài jìn shāndòng.

会是你最后的老师！"

猪开始和老虎妖怪打起来。妖怪有爪子但没有其他武器，所以他很快逃到了一个山洞，在那里他拿起了一双金剑，继续战斗。

孙悟空把唐僧从马背上抱起来，放到地上说："师父，别担心。您在这里休息，我去帮助猪和妖怪战斗。"然后，猪和猴子跟着老虎妖怪到了山下。老虎妖怪用自己的皮包了一块大石头，然后变成了风。他像风一样飞过猪和孙悟空。

当老虎妖怪经过时，他低头看到唐僧坐在地上。他很快抓起唐僧，在风上带着他回黄风大王的山洞。当他来到山洞时，他对他的一名士兵说："快，去告诉大王，我抓到了一位非常好吃的和尚。我等大王的话！"士兵很快回来，让老虎妖怪进山洞。

Lǎohǔ yāoguài jìn le shāndòng, tāde liǎng bǎ jīn jiàn zài tāde yāodài shàng, bàozhe Tángsēng. Tā shuō: "Dàwáng! Nínde púrén gǎnxiè nín ràng tā kànzhe xuányá. Jīntiān wǒ zhǎodào le zhège héshàng. Tā shuō tā shì Táng Huángdìde xiōngdì, zhèng xiàng xīxíng. Tā kànqǐlái hěn hàochī. Suǒyǐ wǒ bǎ tā dài gěi nín!"

Dàwáng huídá shuō: "Wǒ tīngshuō yí wèi héshàng zhèng xiàng xī zǒu, qù zhǎo fú shū. Dànshì rénmen shuō tā hé yígè míngjiào Sūn Wùkōng de túdì zài yīqǐ, nàgè túdì fēicháng wéixiǎn. Nǐ shì zěnme zhuādào zhège héshàng de?"

"Héshàng yǒu liǎng gè túdì, hóuzi hé Zhū. Zhū yòng bàzi dǎ wǒ, hóuzi yòng bàng dǎ wǒ. Dànshì wǒ háishì táozǒu le, zhuā le zhège héshàng, bǎ tā dài gěi nín."

"Wǒmen xiànzài xiān bù chī tā," dàwáng shuō.

"Dàwáng, hǎo mǎ zǒngshì zài kěyǐ chī dōngxī de shíhòu cái chī."

老虎妖怪进了山洞，他的两把金剑在他的腰带上，抱着<u>唐僧</u>。他说："大王！您的仆人感谢您让他看着悬崖。今天我找到了这个和尚。他说他是<u>唐</u>皇帝的兄弟，正向西行。他看起来很好吃。所以我把他带给您！"

大王回答说："我听说一位和尚正向西走，去找佛书。但是人们说他和一个名叫<u>孙悟空</u>的徒弟在一起，那个徒弟非常危险。你是怎么抓到这个和尚的？"

"和尚有两个徒弟，猴子和<u>猪</u>。猪用耙子打我，猴子用棒打我。但是我还是逃走了，抓了这个和尚，把他带给您。"

"我们现在先不吃他，"大王说。

"大王，好马总是在可以吃东西的时候才吃。"

"今天我找到了这个和尚。
他看起来很好吃。
所以我把他带给您！"

"Jīntiān wǒ zhǎodào le zhège héshàng.
Tā kànqǐlái hěn hàochī.
Suǒyǐ wǒ bǎ tā dài gěi nín!"

"Today I found this monk.
He looks very tasty.
So I bring him to you!"

"Wǒde hǎo shìbīng, xiǎngyīxià. Héshàng de liǎng gè túdì kěnéng huì lái zhǎo tā. Ràng wǒmen kǔn le héshàng, zài huāyuán lǐ fàng jǐ tiān. Rúguǒ tāde túdì bù lái, wǒmen jiù búyòng dānxīn, ná héshàng dàngwǎn fàn chī le."

"Nín hěn cōngmíng, wǒde dàwáng," lǎohǔ yāoguài shuō. Ránhòu tā ràng yīxiē shìbīng kǔnzhù Tángsēng, bǎ tā fàng zài huāyuán lǐ.

Zhè shí, Zhū hé Sūn Wùkōng láidào lǎohǔ pí bāo shítou de dìfāng. Sūn Wùkōng rènwéi lǎohǔ pí shì lǎohǔ. Tā yòng Jīn Gū Bàng dǎ le lǎohǔ pí, dàn bàng zhǐshì tán le huílái, shāng le tāde shǒu. Ránhòu Zhū yòng bàzi dǎ le lǎohǔ pí, dàn bàzi yě tán le huílái. "A," Sūn Wùkōng shuō, "wǒmen zhǐshì zài dǎ shítou. Lǎohǔ yāoguài táozǒu le!"

Zhū fēicháng bù gāoxìng, tā kāishǐ kū le. "Bié kū," Sūn Wùkōng shuō. "Dāng nǐ kāishǐ kū de shíhóu, nǐ jiù yǐjīng shū le zhàndòu. Shīfu hé yāoguài dōu zài shānshàng, wǒmen zhǐshì xū

"我的好士兵，想一下。和尚的两个徒弟可能会来找他。让我们捆了和尚，在花园里放几天。如果他的徒弟不来，我们就不用担心，拿和尚当晚饭吃了。"

"您很聪明，我的大王，"老虎妖怪说。然后他让一些士兵捆住唐僧，把他放在花园里。

这时，猪和孙悟空来到老虎皮包石头的地方。孙悟空认为老虎皮是老虎。他用金箍棒打了老虎皮，但棒只是弹了回来，伤了他的手。然后猪用耙子打了老虎皮，但耙子也弹了回来。"啊，"孙悟空说，"我们只是在打石头。老虎妖怪逃走了！"

猪非常不高兴，他开始哭了。"别哭，"孙悟空说。"当你开始哭的时侯，你就已经输了战斗。师父和妖怪都在山上，我们只是需

yào qù zhǎo tāmen."

Zhū hé hóuzi kāishǐ qù zhǎo tāmende shīfu. Tāmen shàngxià zuǒyòu zhǎo le hěn cháng shíjiān. Jǐ gè xiǎoshí hòu, tāmen láidào le shāndòng. Mén shàng fāng yǒu yíkuài páizi, shàngmiàn xiězhe liù gè zì: 'Huáng fēng lǐng, huáng fēng dòng'. Sūn Wùkōng shǒu lǐ názhe Jīn Gū Bàng, dà hǎn: "Yāoguài! Mǎshàng bǎ wǒde shīfu gěi wǒ, bí nàyàng zuò wǒ huì dǎ huài nǐ de dòng!"

Shāndòng lǐ, dàwáng tīngdào le Sūn Wùkōngde huà. Tā duì lǎohǔ yāoguài shuō: "Nǐ zuò le shénme? Wǒ zhǐshì yào nǐ kàn shān, dài xiē dòngwù gěi wǒ chī. Nǐ wèishénme yào bǎ Tángsēng dàilái? Xiànzài wǒmen hěn máfan!"

"Bié dānxīn." Lǎohǔ yāoguài huídá: "Gěi wǒ wǔshí míng shìbīng. Wǒ huì qù nàlǐ, ràng tā zhīdào shúi shì tā de lǎobǎn, ránhòu bǎ tā dài gěi nín. Jīnwǎn wǎnfàn shí, nín kěyǐ bǎ hóuzi fàng zài fàn shàng, jiù zài Tángsēng pángbiān."

Shānwáng gěi le lǎohǔ yāoguài wǔshí míng shìbīng, tāmen yīqǐ chū

要去找他们。"

猪和猴子开始去找他们的师父。他们上下左右找了很长时间。几个小时后，他们来到了山洞。门上方有一块牌子，上面写着六个字：'黄风岭，黄风洞'。孙悟空手里拿着金箍棒，大喊："妖怪！马上把我的师父给我，不那样做我会打坏你的洞！"

山洞里，大王听到了孙悟空的话。他对老虎妖怪说："你做了什么？我只是要你看山，带些动物给我吃。你为什么要把唐僧带来？现在我们很麻烦！"

"别担心。"老虎妖怪回答："给我五十名士兵。我会去那里，让他知道谁是他的老板，然后把他带给您。今晚晚饭时，您可以把猴子放在饭上，就在唐僧旁边。"

山王给了老虎妖怪五十名士兵，他们一起出

qù hé Sūn Wùkōng zhàndòu. Yāoguài duì Sūn Wùkōng

dà hǎn: "Nǐ zhè zhī bù hǎokàn de hóuzi, nǐ shì cóng nǎlǐ

lái de, wèishénme zài zhèlǐ hǎn zhème dàshēng?"

"Bié wèn wǒ wèntí, nǐ zhège yāoguài," Sūn Wùkōng

huídá. "Zhǐyào bǎ wǒde shīfu gěi wǒ, nǐ jiù kěyǐ huózhe

kàn dào míngtiān."

"Shìde, wǒ zhuā le nǐde shīfu. Jīnwǎn tā zài wǒmen

wángde fànzhuō shàng huì kànshàngqù hěn hǎo de. Nǐ

huì zài tā pángbiān, kànshàngqù yě huì hěn hǎo de.

Hěnhǎo, jiù xiàng shì mǎi yī sòng yī".

Sūn Wùkōng tīngdào hòu fēicháng shēngqì. Tāmen

liǎng gè kāishǐ zhàndòu. Sūn Wùkōng yòng tāde Jīn Gū

Bàng xiàng yǔdiǎn yīyàng dǎ zài yāoguàide tóu shàng.

Dǎ le wǔ, liù gè láihuí hòu, yāoguài jiù hěn lèi le, tā pǎo

le. Dànshì tā méiyǒu huídào dàwángde shān

去和孙悟空战斗。妖怪对孙悟空大喊："你这只不好看的猴子，你是从哪里来的，为什么在这里喊这么大声？"

"别问我问题，你这个妖怪，"孙悟空回答。"只要把我的师父给我，你就可以活着看到明天。"

"是的，我抓了你的师父。今晚他在我们王的饭桌上会看上去很好的。你会在他旁边，看上去也会很好的。很好，就像是买一送一"。[37]

孙悟空听到后非常生气。他们两个开始战斗。孙悟空用他的金箍棒像雨点一样打在妖怪的头上。打了五、六个来回后，妖怪就很累了，他跑了。但是他没有回到大王的山

---

[37] 买一送一 is an ancient Chinese version of BOGO, literally "buy one give away one."

dòng, yīnwèi tā yě hàipà dàwáng. Suǒyǐ tā pǎo xià le shān. Sūn Wùkōng jǐnjǐn gēnzhe tā. Zhū kàn dào tāmen, yě gēnzhe yāoguài. Zhū xiān zhuāzhù le yāoguài, yòng bàzi zhòngzhòng de dǎ le tā, mǎshàng bǎ tā dǎsǐ le.

"Xièxiè!" Sūn Wùkōng shuō. "Nǐ liú zài zhèlǐ kànzhe wǒmende xínglǐ." Ránhòu, Sūn Wùkōng zhuāzhù le sǐlede yāoguài, bǎ tā dài huí dàwáng de shāndòng.

Xiànzài, dàwáng zuò zài tāde shāndòng lǐ, děngzhe lǎohǔ yāoguài huílái. Dànshì lǎohǔ yāoguài méiyǒu huílái. Guòle yīhuǐ'er yígè shìbīng pǎojìn shāndòng, gàosù dàwáng Sūn Wùkōng shāsǐ le lǎohǔ yāoguài. Zhè ràng dàwáng fēicháng shēngqì. "Wǒ yào zìjǐ hé zhè zhī hóuzi zhàndòu," tā shuō. Tā chuānshàng jīnsè de kuījiǎ, jīnsè de tóukuī hé píxié, ránhòu náqǐ tāde sāngǔ gāng chā, líkāi le shāndòng. Tāde shìbīngmen yě gēnzhe tā líkāi le shāndòng.

洞，因为他也害怕大王。所以他跑下了山。孙悟空紧紧跟着他。猪看到他们，也跟着妖怪。猪先抓住了妖怪，用耙子重重地打了他，马上把他打死了。

"谢谢！"孙悟空说。"你留在这里看着我们的行李。"然后，孙悟空抓住了死了的妖怪，把他带回大王的山洞。

现在，大王坐在他的山洞里，等着老虎妖怪回来。但是老虎妖怪没有回来。过了一会儿一个士兵跑进山洞，告诉大王孙悟空杀死了老虎妖怪。这让大王非常生气。"我要自己和这只猴子战斗，"他说。他穿上金色的盔甲，金色的头盔和皮鞋，然后拿起他的三股钢叉，离开了山洞。他的士兵们也跟着他离开了山洞。

"Wǒ zhèngzài zhǎo Sūn lǎo hóuzi. Nǐ zài nǎlǐ?" tā hǎn dào.

Sūn Wùkōng zhàn zài dòng wài. Shǒu lǐ názhe Jīn Gū Bàng, yī zhǐ jiǎo zài sǐle de yāoguài shēnshàng. Tā huídá shuō: "Nǐde Sūn yéye zài zhèlǐ. Xiànzài bǎ wǒde shīfu gěi wǒ."

Dàwáng dītóu kànzhe Sūn Wùkōng, tā zhǐyǒu sì chǐ gāo, fēicháng shòu. Tā shuō: "Wǒ dāngshí zhèngzài zhǎo yī míng gāodà de shìbīng, dàn wǒ kàndào de zhǐshì yígè shēngbìng de xiǎoguǐ."

"Nǐ zhēnshì fēicháng de bèn, lǎorén," Sūn Wùkōng shuō.

"Nǐ juédé wǒ hěn xiǎo? Zhǐyào dǎ wǒde tóu, wǒ jiùhuì zhǎng dào shí chǐ gāo." Dàwáng yòng tāde sāngǔ gāng chā dǎ le Sūn Wùkōng de tóu. Zhè yīdiǎn yě méiyǒu ràng Sūn Wùkōng juédé yǒu shénme, dàn tā hěn kuài jiù zhǎngdào le shí chǐ gāo. Tāmen liǎng gè kāishǐ zài shāndòng wàimiàn zhàndòu. Tāmen dǎ le hěn cháng shíjiān, dàn méi rén néng yíng.

Sūn Wùkōng cóng tóushàng bá le jǐ gēn tóufǎ, zài tāmen shàngmiàn

"我正在找孙老猴子。你在哪里？"他喊道。

孙悟空站在洞外。手里拿着金箍棒，一只脚在死了的妖怪身上。他回答说："你的孙爷爷在这里。现在把我的师父给我。"

大王低头看着孙悟空，他只有四尺高，非常瘦。他说："我当时正在找一名高大的士兵，但我看到的只是一个生病的小鬼。"

"你真是非常的笨，老人，"孙悟空说。

"你觉得我很小？只要打我的头，我就会长到十尺高。"大王用他的三股钢叉打了孙悟空的头。这一点也没有让孙悟空觉得有什么，但他很快就长到了十尺高。他们两个开始在山洞外面战斗。他们打了很长时间，但没人能赢。

孙悟空从头上拔了几根头发，在它们上面

手里拿着金箍棒，
一只脚在死了的妖怪身上。

Shǒu lǐ názhe Jīn Gū Bàng,
yī zhǐ jiǎo zài sǐle de yāoguài
shēnshàng.

He had the Golden Hoop Rod in his
hand, and one foot on the dead
monster.

chuīlechuī. Měi gēn tóufǎ dōu biànchéng le lìng yígè Sūn Wùkōng, xiànzài yǒu yībǎi zhǐ hóuzi, dōu zài hé dàwáng zhàndòu. Dànshì dàwáng chuīqǐ yízhèn dàfēng, bǎ yībǎi zhǐ hóuzi dōu chuīzǒu le. Fēng hái bǎ tǔ chuījìn Sūn Wùkōng de yǎnjīng, suǒyǐ tā shénme dōu kànbùjiàn le.

Xiànzài, wǒ bìxū gàosù nǐ, Sūn Wùkōng bù zhīdào yào zuò shénme. Tā bù xīwàng Tángsēng huì chéngwéi dàwángde wǎnfàn, dàn tā yě bù zhīdào zěnme yíngdé yǔ dàwáng de zhàndòu. Tā xiànzài kàn bùjiàn dōngxī, suǒyǐ zhǎodào le Zhū, hé tā tán le. Tāmen juédìng zǒuxiàshān, zhǎo yígè dìfāng zhù yígè wǎnshàng.

Dāng tāmen láidào shānxià shí, tāmen zài yígè cūnzi lǐ fāxiàn le yí jiàn xiǎo fángzi. Fángzi li yǒu gè lǎorén. Lǎorén gěi Sūn Wùkōng yīxiē yǎn yào. Sūn hé Zhū wǎnshàng shuì zài lǎorénde jiālǐ. Zǎochén, fángzi bújiàn le, tāmen shuì zài cǎodì shàng, Sūn Wùkōngde yǎnjīng yě hǎoqǐlái le. Ránhòu zhīdào nàgè lǎorén shì Guānyīn sònglái bāngzhù tāmen de shén.

吹了吹。每根头发都变成了另一个孙悟空，现在有一百只猴子，都在和山王战斗。但是大王吹起一阵大风，把一百只猴子都吹走了。风还把土吹进孙悟空的眼睛，所以他什么都看不见了。

现在，我必须告诉你，孙悟空不知道要做什么。他不希望唐僧会成为山王的晚饭，但他也不知道怎么赢得与大王的战斗。他现在看不见东西，所以找到了猪，和他谈了。他们决定走下山，找一个地方住一个晚上。

当他们来到山下时，他们在一个村子里发现了一间小房子。房子里有个老人。老人给孙悟空一些眼药。孙和猪晚上睡在老人的家里。早晨，房子不见了，他们睡在草地上，孙悟空的眼睛也好起来了。然后知道那个老人是观音送来帮助他们的神。

"Dìdi," Sūn Wùkōng shuō, "nǐ zài zhèlǐ děngzhe, kànzhe wǒmende xínglǐ. Wǒ yào huídào shāndòng, qù kànkàn wǒmende shīfu shìbùshì hái hǎo." Ránhòu tā biànchéng yī zhī xiǎo chóng, cóng ménxià fēi jìn dàwángde shāndòng. Shāndòng hòumiàn yǒu lìng yí shàn mén. Tā zài cóng nà shàn ménxià fēiguò, fāxiàn zìjǐ zài huāyuán de tiānkōng xià . Zài huāyuán zhōng shì bèi kǔnzhe de Tángsēng, tā zhèngzài kū.

Sūn Wùkōng diào zài héshangtóushàng, shuōdao: "Shīfu! Wǒ zài nínde tóushàng. Fàngxīn, bié dānxīn. Wǒmen shāsǐ le lǎohǔ yāoguài, dàn xiànzài wǒmen bìxū zhuāzhù dàwáng. Zhèyàng nín jiù kěyǐ líkāi zhège dìfāng!"

Sūn Wùkōng fēi huí shāndòng, tīngdào dàwáng hé shìbīngmen de tánhuà. Dàwáng shuō: "Wǒ bù dānxīn nà zhī hóuzi huò nà zhī Zhū. Wǒde fēng duì tāmen lái shuō tài qiáng le. Zhǐyǒu yígè rén kěyǐ búpà zhè fēng, nà jiùshì Língjí púsà!"

Zhè ràng Sūn Wùkōng gǎndào fēicháng gāoxìng, yīnwèi tā xiànzài zhīdào

"弟弟，"孙悟空说，"你在这里等着， 看着我们的行李。我要回到山洞，去看看我们的师父是不是还好。"然后他变成一只小虫，从门下飞进大王的山洞。山洞后面有另一扇³⁸门。他再从那扇门下飞过，发现自己在花园的天空下。在花园中是被捆着的唐僧，他正在哭。

孙悟空掉在和尚头上，说道："师父！我在您的头上。放心，别担心。我们杀死了老虎妖怪，但现在我们必须抓住大王。这样您就可以离开这个地方！"

孙悟空飞回山洞，听到大王和士兵们的谈话。大王说："我不担心那只猴子或那只猪。我的风对他们来说太强了。只有一个人可以不怕这风，那就是灵吉³⁹菩萨！"

这让孙悟空感到非常高兴，因为他现在知道

---

³⁸ 扇　　　shàn – (measure word for a door)
³⁹ 灵吉　　Língjí – (a name)

孙悟空掉在和尚头上。

Sūn Wùkōng diào zài héshang tóu shàng.

Sun Wukong landed on the monk's head.

zěnme yíng dàwáng le. Dànshì tā duì jiào Língjí de púsà yīdiǎn dōu bù zhīdào. Tā fēichū shāndòng gàosù Zhū tā tīngdào de. Jiù zài zhè shí, yígè nánrén zǒu le guòqù. Sūn Wùkōng bǎ tāde bàng fàng huí ěrduo lǐ, zǒuxiàng nàgè rén. "Gàosù wǒ, xiānshēng, nǐ zhīdào yígè jiào Língjí de púsà ma?"

Nàgè nánrén yòng shǒu zhǐzhe nánfāng, shuō: "Zài nà tiáo lù zǒu sānqiān lǐ. Nǐ huì zhǎodào tā de." Sūn Wùkōng zhuǎnguòtóu kànzhe nà tiáo lù. Dāng tā huítóu kàn shí, nàgè rén yǐjīng zǒu le.

Zhū liú le xiàlái kàn xínglǐ, Sūn Wùkōng yòng tāde jīndǒu yún fēi le sānqiān lǐ lù qù le Língjí púsà de jiā. Tā gàosù Língjí, yīnwèi Huáng Fēng Shān de dàwáng, tāde shīfu yǒu wéixiǎn.

Língjí tīngdào zhège hòu hěn bù gāoxìng, shuō: "Wǒ zhīdào nàgè dàwáng. Wǒ hěnjiǔ yǐqián zhuā le tā. Rúguǒ tā bù chī rén, zhǐ chī dòngwù, wǒ ràng tā huózhe. Wǒ kàn tā méiyǒu tīng wǒde huà!" Hóuzi hé púsà huí dào le Huáng Fēng shān.

Tāmen láidào le dàwángde shāndòng. Sūn Wùkōng yòng Jīn Gū Bàng dǎ

怎么赢大王了。但是他对叫灵吉的菩萨一点都不知道。他飞出山洞告诉猪他听到的。就在这时，一个男人走了过去。孙悟空把他的棒放回耳朵里，走向那个人。"告诉我，先生，你知道一个叫灵吉的菩萨吗？"

那个男人用手指着南方，说："在那条路走三千里。你会找到他的。"孙悟空转过头看着那条路。当他回头看时，那个人已经走了。

猪留了下来看行李，孙悟空用他的筋斗云飞了三千里路去了灵吉菩萨的家。他告诉灵吉，因为黄风山的大王，他的师父有危险。

灵吉听到这个后很不高兴，说："我知道那个山王。我很久以前抓了他。如果他不吃人，只吃动物，我让他活着。我看他没有听我的话！"猴子和菩萨回到了黄风山。

他们来到了大王的山洞。孙悟空用金箍棒打

huài le dòng mén. Dàwáng hěn shēngqìde cóng shāndòng lǐ chūlái, shǒu lǐ názhe Sāngǔ Gāngchā.

Tāmen dǎle yīhuǐ'er. Dàwáng bǎ tā de Sāngǔ Gāngchā dǎ xiàng le Sūn Wùkōng. Sūn Wùkōng tiàodào yībiān, Sāngǔ Gāngchā dǎdào le dòng de qiáng shàng. Dàwáng zhāngkāi zuǐ shuōchū huì shēng fēng de huà, dàn jiù zài nà shí, Língjí diūxià le guǎizhàng. Tā biàn chéng le Bā Zhuǎ Jīnlóng. Lóngde liǎng gè zhuǎzi zhuā zhù dàwáng de tóu, bǎ tā diū xiàng dòngde qiáng shàng. Dàwáng dàoxià, biànchéng le yī zhī huáng máo diāo shǔ.

Sūn Wùkōng pǎo xiàng huáng máo diāo shǔ, zhǔnbèi yòng tāde Jīn Gū Bàng shāsǐ tā. Dànshì Língjí bú ràng tā nàme zuò, shuō: "Búyào shānghài tā. Zhè zhǒng shēngwù yǐqián shì yī zhǒng dòngwù, yī zhī huáng máo diāo shǔ, xuéxí le fófǎ. Dànshì tā ná le yīdiǎn fózǔ de shèng yóu. Tā hàipà le, xiǎng yào táopǎo. Fózǔ gàosù wǒ búyào shāsǐ tā, yào bǎ tā zhuāqǐlái fàng zài zhè shānshàng. Xiàn

坏了洞门。大王很生气地从山洞里出来，手里拿着三股钢叉。他们打了一会儿。大王把他的三股钢叉打向了孙悟空。孙悟空跳到一边，三股钢叉打到了洞的墙上。大王张开嘴说出会生风的话，但就在那时，灵吉丢下了拐杖。它变成了八爪金龙[40]。龙的两个爪子抓住大王的头，把它丢向洞的墙上。大王倒下，变成了一只黄毛貂鼠[41]。

孙悟空跑向黄毛貂鼠，准备用他的金箍棒杀死它。但是灵吉不让他那么做，说："不要伤害他。这种生物以前是一种动物，一只黄毛貂鼠，学习了佛法。但是他拿了一点佛祖的圣油。他害怕了，想要逃跑。佛祖告诉我不要杀死他，要把他抓起来放在这山上。现

---

[40] 八爪金龙　Bā Zhuǎ Jīnlóng – Eight Clawed Golden Dragon
[41] 貂鼠　　　diāo shǔ – mink

zài kànlái tā hái méiyǒu xuédào rènhé dōngxī. Suǒyǐ, wǒ bìxū jiāng tā dàihuí gěi fózǔ, ràng fózǔ juédìng zěnme duì tā."

Wǒde háizi, dāng fózǔ zàicì yùdào máfan de huáng máo diāo shǔ shí, nǐ juédé fózǔ huì zuò shénme? Nǐ huì zěnme zuò?

Sūn Wùkōng gǎnxiè Língjí. Púsà hé huáng máo diāo shǔ fēidào xītiān, qù jiàn fózǔ.

Sūn Wùkōng hé Zhū huídào shāndòng. Tāmen jìnqù zhǎodào le shīfu, gàosù tā fāshēng de shìqíng.
Tángsēng dāngrán hěn gāoxìng! Tāmen zài shāndòng lǐ fāxiàn le yīxiē chá hé mǐfàn, yīqǐ chī le zhōngfàn.
Ránhòu, hóuzi, zhū hé shèng sēng dàizhe tāmende mǎ hé xínglǐ, jìxù xīyóu.

在看来他还没有学到任何东西。所以，我必须将他带回给佛祖，让佛祖决定怎么对他。"

我的孩子，当佛祖再次遇到麻烦的黄毛貂鼠时，你觉得佛祖会做什么？你会怎么做？

孙悟空感谢灵吉。菩萨和黄毛貂鼠飞到西天，去见佛祖。

孙悟空和猪回到山洞。他们进去找到了师父，告诉他发生的事情。唐僧当然很高兴！他们在山洞里发现了一些茶和米饭，一起吃了中饭。然后，猴子、猪和圣僧带着他们的马和行李，继续西游。

THE HUNGRY PIG

My dear child, do you remember the story I told you last night? I told you how Tangseng and Sun Wukong began their journey to the west. They met a dragon who became a horse, a monster who was really a bear, and they received help from the great Buddhist monk Guanyin.

In tonight's story I will tell you how they met a pig who joined them on their great journey.

You remember that last night I told you about the fight between Sun Wukong and the bear monster. Sun Wukong wanted to get Tangseng's cassock back from the bear monster. After the fight was over, Sun Wukong returned the cassock to the monastery and gave it to Tangseng. The monks in the monastery were happy, and they gave a great vegetarian feast to the two travelers.

In the morning, Sun Wukong and Tangseng thanked the monks and they continued walking westward. They walked for six or seven days. One day they arrived at a small village. It was late in the afternoon. The sun was low and red in the sky. "I would like to rest here," said Tangseng.

"Wait a bit," replied Sun Wukong, "I need to take a look around, to see if this is a good or bad place." He used his golden fire eyes to look at the village. He saw many small houses surrounded by tall trees. The air was full of smoke from cooking fires. Cattle were walking home on every path. Fat pigs and chickens were sleeping near the houses. A drunken old man sang a song as he walked slowly towards his home.

"Everything looks ok to me," said Sun Wukong. "This village has good families living in it. We can stay here tonight."

They entered the village. Right away they saw a young man. He wore a blue shirt and a white hat. In his hand was a straw umbrella, and he had a bundle of straw on his back. Sun Wukong walked up to him, grabbed his arm tightly, and asked, "Where are you going? What is this place?"

The young man was frightened of the monkey and tried to get away, but Sun Wukong was too strong. The young man cried, "Go ask your questions to somebody else and leave me alone!" He tried to hit Sun Wukong, but the monkey just held him tightly and did not move.

Finally, the young man stopped fighting. He said, "All right. You are in the kingdom of Wusizang. We call this Old Gao Village, because most of the families here are named Gao. Now let me go!"

"So I suppose your name is Gao," said Sun Wukong. "I will let you go if you tell me where you are going and what you are doing."

"My name is Gao Cai. The head of our family is my father's older brother, we call him Old Man Gao. He has a twenty year old daughter named Green Orchid. Three years ago a monster took her to be his wife. Old Man Gao was very unhappy because he did not want a monster for a son-in-law. He tried to stop this, but the monster refused. The monster kept the girl locked up for six months so she could not see her family. The old man gave me some money and told me to find a Master of the Law who could get rid of the monster. I could not find a good exorcist. I only found some worthless monks and helpless Daoists. So the old man gave me a little more money and told me to try one more time. I am still trying to find a good exorcist, but you are making me late!"

"Well," said Sun Wukong, "today is your lucky day. Your problem and my abilities fit together perfectly! As the saying goes, 'Not only do you have a good doctor, but now your eyes are good too!' We are holy monks from the east. We are traveling west to get holy books to bring back to the Tang Emperor. We have already fought several monsters, and we won each time. So yes, we can help you. Lead us to the door of your house."

The young man picked up his umbrella and his bundle of straw, and the three of them walked to his house. "Please wait here," he said when they reached the door. The young man went inside and told Old Man Gao about the two monks. He said, "These men say that they are holy monks from the east. One of them says he is a brother to the Tang Emperor himself. I think they can help us."

Old Man Gao came to the front door. "Welcome!" he said, and bowed to Tangseng. Tangseng bowed back to Gao. Sun Wukong did not bow, he just stood there.

"Why don't you say hello to me?" he demanded. The old man looked with fear at the ugly monkey. Then he turned to Gao Cai and said, "Young man, what have you done? We already have one monster in our house. Now we have two!"

"Old Gao," said Sun Wukong, "you have lived for many years but you are still a fool. You think that a good looking person is a good person! I am Old Monkey. I may be ugly but I can capture this monster and get your daughter back. Is that good enough for you?"

The old man was still frightened but he liked Sun Wukong's words, so he said, "Please come in." When they were all inside the house, Tangseng told him the story of their journey to the west to seek Buddhist books to bring back to the Tang Emperor. He also asked if they could stay a night at the old man's house.

"You just want to stay for one night?" asked Gao, "Then how can you catch my monster?"

"We are asking to stay here for one night," said Sun Wukong, "but we thought we could catch a few monsters too, just for fun. Tell me, how many monsters do you have in your house?"

"Just one, but he has brought much trouble to us."

"Tell us."

"From ancient times this village has never had problems with ghosts, spirits or monsters. We were all happy here.

I have three daughters. I have already agreed to give the two older ones to men in the village. But I hoped that my youngest daughter, named Green Orchid, would marry a man who would stay with our family and have children to take our name. Three years ago a young man came to our village. He was good looking and strong, and he liked Green Orchid. He said his name was Zhu Ganglie. Because he had no family, I thought he would be a good son. He joined our family and he worked very hard. He started early in the day and worked until late in the evening."

"That sounds good. What happened?"

"His appearance began to change. His ears began to grow large. His nose became long and hairy. Hair grew from behind his ears. I tell you, he really started looking like a big pig. And so hungry! In a single meal he might eat as much rice as twenty men. For breakfast he ate a hundred buns. It's a good thing he is a vegetarian, because if he ate meat, we could not afford to feed him at all!"

"Well, maybe he is hungry because he works so hard," said Tangseng.

"The food is not really a big problem. The big problem is my daughter. I have not seen her for six months. I don't know if she is dead or alive. Now I am sure that Zhu is a monster. We must get rid of him!"

"That is not difficult, old man!" said Sun Wukong.

"Tonight I will catch him. I will get him to agree to a divorce, and your daughter will return to you. How's that?"

The old man was very happy to hear this. He had a vegetarian meal prepared for the visitors. After dinner, he asked, "What weapons do you need and what attendants?"

"I don't need your weapons," replied Sun Wukong, "I have this!" And he pulled a needle out of ear, waved it around, and it changed into his magic Golden Hoop Rod. "And I don't need any attendants. However I would like some good elderly people to come and stay with my master, to keep him company while I catch the monster for you."

The old man agreed. Soon several elderly men and women arrived at the house to sit with Tangseng and talk with him. Sun Wukong said to him, "Master, you should feel safe with these people. I am going to fight the monster!" Then turning to Old Man Gao, he said, "Old man, where is the house where the monster lives?"

Gao walked to a building in back of the house. They stood in front of the front door. "Quickly, old man, get the key to the door!" said Sun Wukong.

"If I had a key to this door, I would not need you," snapped Gao.

Sun Wukong said, "Old man, you are quite old but you still can't recognize a joke. I was just teasing you a little."

Then he used his Golden Hoop Rod to smash the door with one blow. They looked inside. It was pitch black. "Old Gao, call your daughter."

The old man was frightened, but he called out, "My Daughter! My dear Green Orchid!" The girl replied faintly, "Papa! I'm over here!" They looked at her. Her lovely face and hair were dirty, and she had lost a lot of weight. She ran to her father and cried.

Sun Wukong said, "Stop that crying! Where is the monster?"

"I don't know," she replied. "He leaves early in the morning and he returns late in the evening. I don't know where he goes. But he is careful to not let Papa see him, because he knows Papa is trying to get rid of him."

"OK. No more talk. Go with your father. Old Monkey will wait here." So the father and daughter left. Sun Wukong changed his form so he looked just like the girl. Then he sat down and waited.

He didn't have to wait long. Soon there was a tremendous wind, causing dirt and stones to fly through the air. Trees fell to the ground. Animals lost their way in the forest. Rivers and seas were churned up. Rocks and mountains were broken. In the north, parts of the Great Wall itself fell down.

When the wind subsided, a great monster appeared. It was Zhu Ganglie. His black face was covered with short hair. He had a long nose and huge ears. He wore a blue-green shirt. On his head he wore a spotted handkerchief.

Sun Wukong didn't say anything when Zhu entered the room. He just lay on the bed and pretended to be sick. Zhu walked over to the bed, grabbed the monkey who looked like a girl, and demanded a kiss . But Sun Wukong grabbed the monster's nose tightly, causing him to fall to the floor with a crash.

"My dear, it seems you are a little annoyed with me today," said Zhu. "Is it because I came home late?"

"I am not annoyed. But what makes you think you can just come in here and demand a kiss? Can't you see that I am not feeling well? You know that if I was feeling better, I would get up from the bed and open the door for you. Now take off your clothes and go to sleep."

Zhu took off his clothes, but just before he got into bed, Sun Wukong got out of bed and went to the chamber pot. "Dear wife, where have you gone?" asked Zhu.

"I have to use the chamber pot. When I am finished I will come to bed." Then he said, "Oh, I have such bad luck!"

"Why do you say you have bad luck? It's true that I eat a lot of your family's food. But I work very hard every day. I work in the fields and also inside the house. You are wearing fine clothes, you have gold and silver, you have lots of rice and vegetables year round. But still, you cry and say you have bad luck. Why?"

"Today I was scolded by my father. He says that you are very ugly and you don't know how to behave. You come and go with great wind and clouds. Nobody knows where you go. You have ruined our family's reputation."

"It's true that I am not handsome. But your family knew that when I first arrived here. My family is named Zhu, we come from Fuling Mountain. Of course your family knew what I looked like. I entered your family with your father's consent and I have worked very hard. Why do they bring this up today?"

Sun Wukong sat on the chamber pot, and he thought to himself, "This monster certainly tells the truth! He does not seem like a bad man." Then he said to Zhu, "My parents are trying to get a Master of the Law to make you go away."

"That does not worry me at all!" said Zhu. "You just go to sleep. Don't worry about them at all. I can change into as many different forms as there are stars in the Heavenly Ladle. And I have a nine- pronged rake that I can use as a weapon."

"They said they were hoping to get someone named Sun. They say he is the Great Sage Equal to Heaven who caused trouble in the Palace of Heaven five hundred years ago. They were going to ask Sun to come and catch you."

Zhu became very alarmed when he heard this. "If this is true, I must leave. We cannot live together anymore! That Sun has real power. I cannot fight him."

Zhu put on his clothes quickly and walked to the door. Sun Wukong shook his body again and changed back into his original monkey form. He grabbed Zhu by the shirt and shouted, "Monster, where do you think you're going? Look at me and see who I am!" Zhu looked and saw the big hairy face of Sun Wukong. Instantly he tore his shirt and got free of Sun's grip. He changed into the wind. Sun struck at the wind with his Golden Hoop Rod. Zhu changed from a wind into beams of sunlight and flew back to his family home in Fuling Mountain.

Sun Wukong shouted, "Where are you running to? If you fly to heaven, I will chase you to the Heavenly Palace. If you go down to earth, I will chase you to the Underworld. You cannot get away from me!"

Zhu, in his form as a beam of sunlight, flew away to Fuling Mountain, with Sun Wukong close behind him. Zhu arrived at the mountain, ran into his cave, and came out holding his rake. He was ready to fight.

"Lawless monster!" shouted Sun Wukong, "How do you know my name? Tell me now, and I might let you live!"

"Come up here, you ugly old monkey," replied Zhu, "Sit down and I will tell you my story." Sun Wukong calmed down a bit. He sat down and listened to Zhu's story.

"Ever since I was young, I have not been very smart.
I just wanted to relax and play every day.
I hated work and I never wanted to study.
One day I met an immortal being,
He who spoke to me of cold and heat.

He told me that one day my life would end,
And it will be too late to change.
I listened to him and asked him to be my teacher.
For many years I worked day and night to learn the ways
of heaven.
Finally I became enlightened and I flew up to heaven.
There I met the Jade Emperor himself,
He gave a great banquet in my honor.
The Jade Emperor named me Marshal of Heaven,
And gave me all his ships and 80,000 warriors.
I was so happy!
Later that day, I came to the Queen Mother's Peach
Festival.
But I drank too much alcohol and became drunk.
While drunk, I met the beautiful Goddess of the Moon.
Without thinking, I asked her to come to bed with me.
She said no.
I asked her again and she said no.
Five times I asked her, and five times she said no.
I became angry and roared like thunder.
The gods caught me and brought me back to the Jade
Emperor.
He was ready to have me killed.
But the Gold Star of Venus arrived.
He bowed to the Jade Emperor
He asked him not to have me killed.
But I was beaten five thousand times.
Then I was sent out of heaven and down here to earth,
When I arrived on earth, my soul became lost.
I ended up in the belly of a sow.
Now I must live the rest of my life as a lowly pig!"

Sun Wukong sat and listened to Zhu's story. When it was

finished, he said, "I also was in heaven, at the Queen Mother's Peach Festival. I also got very drunk. And I also was sent out of heaven. So I understand your problems! Now I know that you are actually the Marshal of Heaven."

"Yes, and you are the terrible monkey who caused so much trouble in heaven! Do you know how many people suffered because of you? Now taste my rake, you monster!"

They began to fight, shouting insults at each other. The pig used his rake, the monkey used his Golden Hoop Rod. They fought all night, until the second watch came and the sun rose in the east. Zhu was tired and could not fight any more. He ran away back into his cave, and locked the door. Sun Wukong did not try to break down the door. Instead, he flew back to see Tangseng.

Now, Tangseng had spent all night talking with the elderly men and women from the village. He looked up when Sun Wukong arrived.

"Master, I have returned!" said Sun Wukong.

"Wukong, you were gone all night. Where is the monster?"

"He is no monster. He is the Marshal of Heaven. He took the wrong path of rebirth, that is why he looks like a pig. But he still has a spiritual nature. I fought him with my rod in the rear building, but he changed into a beam of light and flew to Fuling Mountain. I followed him and we fought again. Then he ran away into his cave. I thought about breaking down the cave door, but first I had to come back here and see if you were ok."

After he finished speaking, Old Man Gao came forward, saying, "O great monk, I must say this. You chased the monster away, but what if he comes back? Please arrest the monster, so we will not have any more worries. I will be very happy, and I will give you half of everything that I own!"

"Well, old man, you are asking a lot from me, aren't you?" laughed Sun Wukong. "I was chatting with your monster. He said that yes, he did eat a lot of food, but he also did a lot of work for you. And yes, he is not good-looking, but you knew that when he first arrived in your house. And he has not hurt your daughter at all. It seems that you should be grateful for all that Mr. Zhu has done for you." And before Old Gao could reply, Sun Wukong flew away again to Fuling Mountain.

When Sun Wukong was speaking with Old Man Gao, he praised Zhu. But now he smashed down the cave door and shouted at Zhu, "Come out and fight me, you fat coolie!"

Zhu was still tired from his earlier fight with the monkey, and he was resting in his cave. But when he heard himself called a 'fat coolie' he jumped up, grabbed his rake, and ran to the front of the cave. "You stupid monkey! Don't you know the law? You cannot just smash down someone's door like that. You are a criminal, and you can be put to death!"

"Oh, and what about you? You took a young girl away from her family. You didn't give the family any tea and wine. You didn't even use a matchmaker. In my eyes, you are the criminal, not me."

"This is not the time for talk. It's time for me to give you a taste of my rake!"

"Ha! That old thing? Don't you use that for growing vegetables in your farm?"

"Don't say that! This is the greatest weapon in heaven and earth. The Jade Emperor himself gave it to me. It is made of the finest steel. All the warriors of heaven fear it, and the Ten Kings of the Underworld bow before it. You may be a stone monkey, but my rake will break your head!"

Sun Wukong just smiled. He put down his Golden Hoop Rod and stood in front of Zhu. He said, "OK, let's see if that's true. Go ahead, hit me hard on the head."

Zhu brought the rake down on the monkey's head as hard as he could. It hit his head and bounced back. Sun's head was not hurt even a little bit. Zhu was so scared that his legs became weak and he dropped the rake. "Such a head," he muttered.

"You don't know, do you?" said Sun Wukong. "Five hundred years ago, when I made trouble in heaven, the great sage Laozi put me in a brazier and cooked me for three weeks. The fire made me stronger. Now I have eyes of golden fire, a bronze head, and iron arms. Go ahead, hit me a few more times and see for yourself!"

"Monkey," said Zhu, "I remember you from long ago. You lived on Flower Fruit Mountain, in the country of Aolai. You caused a lot of trouble in heaven. Then nobody saw you for many years. Now you are here. Did my wife's father bring you here?"

"No, he did not call me. For many years I was on the wrong path, but now I am on the right path. I am traveling with a holy monk, the brother of the Tang Emperor, we are going to the west to seek holy books from the Buddha. We saw Gao Village and asked if we could stay for one night. It was Old Man Gao who asked us to help his daughter. She was unhappy because of you, you fat coolie!"

Sun Wukong thought that saying 'fat coolie' would make Zhu angry again. But Zhu threw down his rake and said, "Where is this holy monk? Can you introduce me to him?"

"Why?" said Sun Wukong, puzzled.

"One of my teachers was the holy monk Guanyin. She told me to study, eat a vegetarian diet, and wait here for a holy monk who was traveling to the west. When I met him, I was to go with him to get the fruits of truth. You are the holy monk's disciple, why didn't you say anything about him earlier? Why did you shout at me, insult me, hit me, and smash down my door?"

Tell me the truth, you fat coolie. If you really want to meet the holy monk, you must face Heaven and say that you are telling the truth!"

Right away, the pig knelt down and bowed so rapidly that it looked like he was pounding rice with his head. "Holy Buddha!" he cried, "if I am not speaking the truth, kill me now!"

Sun Wukong thought, "Well, I suppose he is telling the truth after all!" To Zhu he said, "All right. Burn everything in this cave, and then let's go."

Zhu picked up firewood, brought it into the cave, and started a fire. Everything in the cave burned. Then Sun Wukong said, "Now give me your rake." He blew on the rake and it turned into a piece of rope, then he used the rope to tie Zhu's hands together. Zhu did not argue or fight. Together they flew back to Gao Village.

They arrived in Gao Village. Sun said to Zhu, "Look, there is my master." Zhu fell to the ground in front of Tangseng and kowtowed, saying, "Master, your disciple is sorry for not coming to meet you. If I knew you were here, I would have come at once."

"Wukong," said Tangseng, "what's going on here? Tell me what happened." But Sun Wukong just hit Zhu on the back of the head with his Golden Hoop Rod. He told Zhu, "Say something!" So Zhu told Tangseng his story of his troubles in Heaven, his meeting with Guanyin, his return to earth, and his fight with Sun Wukong.

Tangseng was very pleased to hear this story. He turned to Old Man Gao. "Dear sir," he said, "may I borrow your incense table?" Old Gao brought the table. Tangseng washed his hands, then lit the incense. He bowed to the south and thanked Guanyin for her help. All the elders came and put more incense on the table. Tangseng asked Sun Wukong to remove the rope from Zhu's hands.

"Now," said Tangseng to Zhu, "you are my disciple. I must give you a new name."

"Master," replied Zhu, "my teacher Guanyin already gave me a name, it is Zhu Wuneng."

"That is a good name! Your elder brother is called Wukong and you are called Wuneng."

"Master, when I became a student of the holy monk Guanyin, she told me I was not allowed to eat any of the five stinking foods or the three forbidden meats. Since then I have only eaten vegetarian food. Now that I am your disciple, will you release me from this?"

"No, no, no," replied Tangseng. "But since you have not eaten the five stinking foods or the three forbidden meats, I will give you another name: Bajie, meaning 'Eight Prohibitions.'"

"Thank you, Master" said Zhu Bajie. "And now, may I please ask my humble wife to come out and meet you and

Elder Brother?"

"Younger Brother," laughed Sun Wukong, "you are now a Buddhist monk. It's true that some Daoist monks have wives. But have you ever heard of a married Buddhist monk? Forget about your wife. Just sit down and enjoy your vegetarian meal. Soon we will leave for the west!"

So they all had a good vegetarian meal. Old Man Gao brought out some wine. Tangseng did not drink any. He told Sun Wukong and Zhu Bajie that they could drink a little bit, as long as they did not get drunk and cause trouble.

After the dinner, Old Man Gao brought out a tray with two hundred gold and silver coins. He offered them to the visitors, saying that they were for travel expenses. Tangseng said they could not take the money. But Sun Wukong grabbed a handful of coins and gave them to the young man Gao Cai to thank him for his help.

Then Old Man Gao brought out three beautiful silk cassocks. Tangseng said they could not take the cassocks. But Zhu asked if he could take one, because the cassock he was wearing had been torn by Sun Wukong in the fight. Tangseng agreed to this.

In the morning, they resumed their journey to the west. Zhu Bajie was in the rear, carrying baggage tied to a long pole. Tangseng was in the middle, riding his white horse. And Sun Wukong led the way, with the Golden Hoop Rod across his back.

They traveled for about a month, leaving the western edge of the Kingdom of Wusizang. One day they saw a tall mountain far away. "What mountain is this?" asked Tangseng.

Zhu said, "This is Pagoda Mountain. A Chan Master lives there. I have met him. He once invited me to stay with him, but I did not do it." They came closer to the mountain. They heard the sounds of thousands of birds, singing and flying together. They saw a thousand flowers, and a green stream flowing down the mountainside. Looking up, they saw a great tree. In the tree branches was a large nest made of wood and straw. And inside the nest was a man.

"Look!" said Zhu. "That is the Chan Master."

As they watched, the Chan Master jumped down from the nest to greet them. Tangseng got off his horse and bowed to him. The Chan Master said, "Please get up. Welcome to my home at Pagoda Mountain!" Then, looking at Zhu, he said, "I know you! You are Zhu Ganglie of Fuling Mountain!" And looking at Sun Wukong he said, "And who are you?"

Sun Wukong laughed and said, "So, you recognize that old pig, but you don't recognize me?"

"I have not had the pleasure of meeting you," the Chan Master replied.

"This is my eldest disciple, Sun Wukong," said Tangseng. "Please tell me, how far is it to the temple at Thunder

Mountain?"

"Oh, very far away! The road is long and filled with dangers. One day you will arrive at Thunder Mountain. I think I can help you a little. I have a special prayer here. It is the door to becoming Buddha. If you ever meet trouble, just say the words in this prayer, and no troubles will come to you."

"Please give us this prayer, o great monk!" cried Tangseng. And so, the Chan Master spoke the prayer. It was 54 sentences and 270 characters. Tangseng heard the prayer once, and remembered it perfectly.

After the Chan Master finished saying the prayer, he prepared to return to his nest in the tree. But Tangseng asked him, "Please tell us about the road to Thunder Mountain!"

The Chan Master laughed and said,

> "Listen to my words.
> This road is not difficult to walk.
> You will see a thousand mountains
> And many deep rivers.
> When you come to the edge of a high cliff,
> Put your feet sideways.
> Be careful in the Black Pine Forest,
> Spirits will try to stop you.
> You will meet many monsters and animals of the forest.
> An old pig carries a long pole.
> You will meet a water spirit.
> You have already met an angry old stone monkey,

He knows the way to the West!"

Then the Chan Master changed into a beam of light and returned to his nest in the tree. Sun Wukong became angry and tried to hit the nest with his Golden Hoop Rod, but his rod turned into many colored flowers.

"Don't try to hit the Chan Master!" said Tangseng. "Why did you do that?"

"Don't you understand?" replied Sun Wukong. "He insulted your disciple Zhu. He called me an angry old stone monkey." Sun Wukong was also unhappy that the Chan Master said that he knew the way to the west, but he did not say anything about that.

"Don't worry about that," said Zhu. "Let's see if his words are true. Let's see if we come to a high cliff or the Black Tree Forest, and if we meet a water spirit. Then we will know."

And so, the three travelers began walking west again. They walked for many days and weeks and months. Fall became winter, winter became spring, and summer arrived. Every day Tangseng said the Chan Master's prayer, and it opened the doorway to his understanding. Spiritual light filled his body and his mind.

Zhu Wuneng was always hungry. If they received food at a village, Sun Wukong and Tangseng would generally eat two bowls of rice, but sometimes Zhu would eat ten bowls of rice. Zhu complained when there was no food, and he also complained that he missed his family. Finally

Tangseng said to him, "Wuneng, it sounds like your heart misses your family. If this is true, then maybe this is not the right path for you. Maybe you should leave us and return home."

When he heard these words, Zhu fell to his knees and said, "Master, please do not send me home. The holy monk Guanyin herself told me I should go with you, and you have been very good to me. Please let me stay!" And so, Tangseng allowed Zhu to stay.

After a few weeks, they came to a high cliff, just as the Chan Master had said. Tangseng sat sideways on his horse, just as the Chan Master had said. He looked down from the cliff. The cliff was ten thousand feet deep, and it was so deep that it appeared to go all the way down to the underworld.

The three walked slowly and carefully on the edge of the cliff, staying close to the mountain. Suddenly there was a great wind. Tangseng and Zhu were afraid, but Sun Wukong stood facing the wind, unafraid.

"Elder Brother," said Zhu, "be careful, this wind is too strong!"

"Why are you afraid?" asked Sun Wukong. "This wind is nothing. What would you do if you met a monster spirit face to face?"

"Nothing would happen to us if we just waited for a while," Zhu replied.

"Stop talking. I have magic that allows me to seize wind. I will just seize this wind and smell it." Sun Wukong waited until the head of the wind had passed him, then he seized the tail of the wind. He held it to his nose and smelled it. "Yes, this is not a good wind. It smells like a tiger, or maybe a monster."

Suddenly a huge tiger appeared in the path, just in front of them. It stood up on its rear legs and roared at them. Tangseng was frightened, and fell to the ground. Zhu threw down the luggage that he was carrying, he grabbed his rake, and he attacked the tiger, shouting "You monster, where are you going?"

But the tiger raised his left front paw and cut his own skin from his neck down to his belly. He stepped out of his own skin and stood in front of the three. He was still a tiger, but now he was covered with red blood and looked even more frightening than before. The tiger shouted, "Wait right there! I am no ordinary tiger. I am the leader of the Great King Yellow Wind's army. The great king told me to watch this mountain, seize any travelers that I see, and bring them to him to eat for dinner. You three look like you would taste very good."

"Don't you recognize us?" shouted Zhu. "We are disciples of Tangseng, brother to the great Tang Emperor. We are traveling to the Western Heaven to find Buddhist scriptures and bring them back to the east. Move aside and let us pass, and you will live. If not, my rake will be your last teacher!"

Zhu began to fight with the tiger monster. The monster had claws but no other weapons, so he quickly ran away to a cave where he picked up a pair of golden swords and continued to fight.

Sun Wukong picked up Tangseng off his horse and put him on the ground, saying, "Don't worry, Master. You rest here, I will help Zhu fight the monster." Then the pig and the monkey chased the tiger monster down the mountainside. The tiger monster wrapped up a large rock with his own skin, then he turned into a wind. He blew past Zhu and Sun Wukong.

As the tiger monster passed, he looked down and saw Tangseng sitting on the ground. He quickly picked up Tangseng and carried him on the wind back to the cave of the Great King Yellow Wind. When he arrived at the cave, he said to one of his soldiers, "Quick, go tell the King that I have captured a very tasty looking monk. I await word from the King!" Soon the soldier returned and allowed the tiger monster to enter the cave.

The tiger monster entered the cave, with his two golden swords on his belt and with Tangseng in his arms. He said, "Great king! Your servant thanks you for allowing him to watch the cliff. Today I found this monk. He says that he is the brother of the great Tang Emperor, and that he is traveling to the west. He looks very tasty. So I bring him to you!"

The king replied, "I have heard that a monk is traveling to the west in search of Buddhist scriptures. But people say that he is with a disciple named Sun Wukong who is extremely dangerous. How did you capture this monk?"

"The monk has two disciples, a monkey and a pig. The pig attacked me with a rake and the monkey attacked me with a rod. But I was able to get away, capture this monk, and bring him to you."

"Let's not eat him yet," said the king.

"Great King, a good horse always eats food when he can."

"My good soldier, think about this. The monk's two disciples may come looking for him. Let's tie up the monk and leave him outside in the garden for a few days. If the disciples don't come, we can relax and eat the monk for dinner."

"You are very wise, my king," said the tiger monster. Then he told some of the soldiers to tie up Tangseng and leave him in the garden.

Meanwhile, Zhu and Sun Wukong arrived at the place where the tiger skin was wrapped around a rock. Sun Wukong thought that the skin was the tiger. He struck the tiger skin with his Golden Hoop Rod, but the rod just bounced back and hurt his hands. Then Zhu struck the tiger skin with his rake, but the rake also bounced back. "Oh," said Sun Wukong, "we are just hitting a rock. The tiger monster has escaped!"

Zhu was very unhappy and he started to cry. "Don't

cry," said Sun Wukong. "When you start to cry, you have already lost the fight. The Master and the monster are both in the mountains, we just have to look for them."

So the pig and the monkey began to search for their master. They looked up and down, left and right, for a long time. After several hours they arrived at a cave. Above the door was a sign with six characters: "Yellow Wind Cave, Yellow Wind Mountain". He held his Golden Hoop Rod in his hand and shouted, "Monster! Give my master back to me right now, or I will smash your cave!"

Inside the cave, the king heard this. He said to the tiger monster, "What have you done? I just asked you to watch the mountain and bring back some animals for me to eat. Why did you have to bring back a Tang monk? Now we have a lot of trouble!"

"Don't worry," replied the tiger monster. "Give me fifty soldiers. I will go out there and show him who's boss, and then I'll give him to you. Tonight at dinner you can put him on your rice, right next to the Tang monk."

So the king gave fifty soldiers to the tiger monster, and together they went out to fight Sun Wukong. The monster shouted at Sun Wukong, "You ugly monkey, where did you come from, and why are you making such a big noise here?"

"Don't ask me questions, you beast," replied Sun Wukong. "Just give me my master and you will live to see tomorrow."

"Yes, I took your master. He will look good on my king's dinner plate tonight. And you will look good next to him. This is good, it is like 'buy one, get one free'."

Sun Wukong became very angry when he heard this. The two of them began to fight. Sun Wukong used his Golden Hoop Rod to rain blows down on the monster's head. After five or six rounds, the monster became tired and ran away. But he did not go back to the king's cave because he was also afraid of the king. So he ran down the mountainside. Sun Wukong ran after him. Zhu saw them and also ran after the monster. Zhu caught the monster first and hit him hard with his rake, killing him instantly.

"Thanks!" said Sun Wukong. "You stay here and watch our luggage." Then Sun Wukong grabbed the dead monster and began to drag him back to the king's cave.

Now, the king was sitting in his cave, waiting for the tiger monster to return. But he did not return. Later, a soldier ran into the cave and told the king that Sun Wukong had killed the tiger monster. This made the king very angry. "I will fight this monkey myself," he said. He put on his golden armor, golden helmet, and leather shoes, and picked up his steel trident. Then he went out of the cave, followed by his soldiers.

"I am looking for the old monkey Sun. Where are you?" he cried.

Sun Wukong stood outside the cave. He had the Golden Hoop Rod in his hand, and one foot on the dead monster. He replied, "Your grandpa Sun is here. Now give me back my master."

The king looked down at Sun Wukong, who was really only about four feet tall and very thin. "I was looking for a great fighter," he said, "but all I see is a small sickly ghost."

"You are very foolish, old man," said Sun Wukong. "You think I am small? Just hit me on the head and I will grow to be ten feet tall." So the king used his trident to hit Sun Wukong on the head. This did not bother Sun Wukong at all, but he quickly grew to be ten feet tall. The two of them began to fight outside the cave. They fought for a long time, but neither one could win.

Sun Wukong pulled some hairs from his head and blew on them. Each hair became another Sun Wukong, and now there were a hundred monkeys, all fighting the king. But the king made a great wind that blew away all the hundred monkeys. The wind also put dirt into Sun Wukong's eyes, so he could not see.

Now, I must tell you, Sun Wukong did not know what to do. He did not want Tangseng to be dinner for the king, but he also did not know how to win the fight against the king. He could not see well, but he found Zhu and talked with him. They decided to walk down the mountain and find a place to stay for the night.

When they arrived at the bottom of the mountain, they found a small house in a village. Inside the house was an old man. The old man gave some eye medicine to Sun Wukong. Sun and Zhu slept in the old man's house that night. In the morning the house was gone, they were lying in the grass, and Sun Wukong's eyes were better again. Then knew that the old man was really a spirit sent by Guanyin to help them.

"Little Brother," said Sun Wukong, "you wait here and keep an eye on our baggage. I will go back to the cave and try to learn if our master is okay." Then he changed into a small insect and flew under the door and into the king's cave. In the back of the cave was another door. He flew under that door also, and he found himself in a garden under the sky. In the middle of the garden was Tangseng, tied up and crying.

Sun Wukong landed on the monk's head and said, "Master! I am on your head. Calm down and do not worry. We killed the tiger monster, but now we have to capture the king. Then you can leave this place!"

Sun Wukong flew back into the cave, and he heard the king talking with his soldiers. The king said, "I am not worried about that monkey or that pig. My wind is too strong for them. There is only one person who can overcome that wind, and that is the great monk Lingji!"

This made Sun Wukong very happy, because now he knew how to win the fight against the king. But he did not know anything about the monk called Ling Ji. He flew out of the cave to tell Zhu what he had learned. Just then, a man walked by. Sun Wukong put his rod back into his ear, and walked up to the man. "Tell me, sir, do you know anything about a monk named Ling Ji?"

The man just pointed south with his hand and said, "Follow that path for three thousand miles. You will find him." Sun Wukong turned his head to look at the path. When he looked back, the man was gone.

Zhu stayed to watch the baggage, while Sun Wukong used his cloud somersault to travel the three thousand miles to the home of the monk Lingli. He told Ling Ji that his master was in danger because of the king of Yellow Wind Mountain. Ling Ji was unhappy to hear this, and said "I know that king. I captured him a long time ago. I let him live, but only if he would not eat any humans, only animals. I see that he has not listened to me!" And so, the monkey and the monk traveled back to Yellow Wind Mountain.

They arrived at the cave of the king. Sun Wukong smashed the cave door with his Golden Hoop Rod. The king angrily came out from the cave, steel trident in hand. They fought for a short time. Then the king threw his trident at Sun Wukong. Sun Wukong moved to the side and the trident hit the cave wall. The king opened his mouth to say the words that would create the wind, but just then, Ling Ji threw down his walking stick. It changed into the Eight Clawed Golden Dragon. Two of the dragon's claws grabbed the king's head and threw it against the cave wall. The king fell down, and changed into a mink with yellow fur.

Sun Wukong ran up to the mink and was ready to kill it with his Golden Hoop Rod. But Ling Ji stopped him, saying "Do not hurt him. This creature was once an animal, a mink, who learned the way of the Buddha. But he took a little bit of the Buddha's holy oil. He became afraid and tried to run away. The Buddha told me not to kill him, but to capture him and put him here, at this mountain. Now it looks like he has not learned anything. So I must bring him back to the Buddha, so that the Buddha can decide what to do with him."

Sun Wukong thanked Ling Ji. The monk and the mink flew away to the western heaven, to meet with the Buddha.

My child, what do you think the Buddha will do when he sees the troublemaking mink again? What would you do?

Then Sun Wukong and Zhu returned to the cave. They entered, found their master, and told him everything that had happened. Tangseng was very happy of course! They found some tea and rice in the cave and had lunch together. Then the monkey, the pig and the holy monk collected their horse and baggage, and continued their journey to the West.

PROPER NOUNS

These are all the Chinese proper nouns used in this book.

Chinese	Pinyin	English
奥莱	Àolái	Aolai (a country)
八戒	Bā Jiè	Eight Prohibitions
八爪金龙	Bā Zhuǎ Jīnlóng	Eight Clawed Golden Dragon
翠兰	Cuì Lán	Green Orchid (a name)
大雷音寺	Dàléi Yīnsì Shān	Thunder Mountain Temple
福陵山	Fúlíng Shān	Fuling Mountain
浮屠山	Fútú Shān	Pagoda Mountain
高才	Gāo Cái	Gao Cai (a name)
高老庄	Gāo Lǎo Zhuāng	Old Gao Village
观音	Guānyīn	Guanyin (a name)
黑松林	Hēi Sōnglín	Black Pine Forest
花果山	Huāguǒ Shān	Flower Fruit Mountain
黄风大王	Huáng Fēng Dàwáng	Great King Yellow Wind
金箍棒	Jīn Gū Bàng	Golden Hoop Rod
灵吉	Língjí	Lingji (a name)
齐天大圣	Qítiān Dàshèng	Great Sage Equal to Heaven
孙悟空	Sūn Wùkōng	Sun Wukong
太白金星	Tàibái Jīnxīng	Bright Star of Venus (a name)
太上老君	Tàishàng Lǎojūn	Laozi (a name)
唐皇帝	Táng Huángdì	Tang Emperor
唐僧	Tángsēng	Tangseng (a name)
天罡	Tiāngāng	Heavenly Ladle constellation
天蓬元帅	Tiānpéng Yuánshuài	Marshal of Heaven
王母娘娘	Wángmǔ Niángniáng	Queen Mother
乌斯藏	Wūsīcáng	Kingdom of Wusizang

玉皇大帝	Yùhuáng Dàdì	Yellow Emperor
猪	Zhū	Pig (a name)
猪刚鬣	Zhū Gāngliè	Stiff Bristled Pig
猪悟能	Zhū Wùnéng	Pig Awaken to Power

GLOSSARY

These are all the Chinese words (other than proper nouns) used in this book.

A blank in the "First Used" column means that the word is part of the standard 1200 word vocabulary for books that use that starting vocabulary. A number indicates that the word is first used in that book in the series.

Chinese	Pinyin	English	First Used
啊	a	O, ah, what	
爱上	ài shàng	to fall in love	
爱	ài	love	
暗	àn	darkness	7
安静	ānjìng	quietly	
安全	ānquán	safety	
拔	bá	to pull	
把	bǎ	(preposition introducing the object of a verb)	
把	bǎ	to bring, to get, to have it done	
把	bǎ	to hold	
把	bǎ	to put	
把	bǎ	(measure word)	
八	bā	eight	
吧	ba	(particle indicating assumption or suggestion)	
爸爸	bàba	father	
白	bái	white	
百	bǎi	one hundred	
白天	báitiān	day, daytime	
半	bàn	half	

搬,搬动	bān, bān dòng	to move	
办法	bànfǎ	method	
棒	bàng	rod	
帮, 帮助	bang, bāngzhù	to help	
半夜	bànyè	midnight	
饱	bǎo	full	
包	bāo	package	
抱, 抱住	bào, bào zhù	to wrap, to hold, to carry	
报仇	bàochóu	revenge	
保护	bǎohù	to protect	
宝石	bǎoshí	gem	
宝座	bǎozuò	throne	
耙子	bàzi	rake	8
被	bèi	(passive particle)	
被	bèi	was being	
北	běi	north	
被迫	bèi pò	to force	
杯, 杯子	bēi, bēizi	cup	
笨	bèn	stupid	
本	běn	(measure word)	
本, 本来	běn, běnlái	originally	
臂	bì	arm	8
闭	bì	close	
比	bǐ	compared to, than	
笔	bǐ	pen	
闭, 闭上	bì, bì shàng	to shut, to close up	
避, 避开	bì, bìkāi	to avoid	
变	biàn	to change	
边	biān	side	
变出	biàn chū	to create, to generate	

变回	biàn huí	to change back	
变成	biànchéng	to become	
边界	biānjiè	boundary	
别	bié	do not	
别人	biérén	others	
病	bìng	disease	
冰	bīng	ice	
陛下	bìxià	Your Majesty	
必须	bìxū	must, have to	
鼻子	bízi	nose	7
不	bù	no, not, do not	
簿	bù	ledger book	
不好	bù hǎo	not good	
不会	bú huì	cannot	
不会吧	bú huì ba	no way	
不可能	bù kěnéng	impossible	
不一样	bù yīyàng	different	
不早	bù zǎo	not early	
不久	bùjiǔ	not long ago, soon	
不能	bùnéng	can not	
不是	búshì	no	
不死	bùsǐ	not die (immortal)	
不同	bùtóng	different	
不想	bùxiǎng	do not want to	
不要	búyào	don't want	
不用	búyòng	no need to	
才	cái	only	
菜	cài	dish	
才会	cái huì	will only	
财富	cáifù	wealth	

彩虹	cǎihóng	rainbow	
才能	cáinéng	ability, talent	
参加	cānjiā	to participate	
蚕丝	cánsī	silk	
草	cǎo	grass	
草地	cǎodì	grassland	
层	céng	(measure word)	
茶	chá	tea	
插	chā	to insert	
叉	chā	fork	
禅	chan	Zen Buddhism	8
唱	chàng	to sing	
场	chǎng	(measure word)	
长	cháng	long	
常常	chángcháng	often	
唱歌	chànggē	singing	
长生	chángshēng	longevity	
长生不老	chángshēng bùlǎo	immortality	
唱着	chàngzhe	singing	
巢	cháo	nest	8
沉	chén	to sink	
成	chéng	to make	
城, 城市	chéng, chéngshì	city	
成, 成为	chéng, chéngwéi	to become	
惩罚	chéngfá	punishment	
成绩	chéngjì	achievement	
丞相	chéngxiàng	prime minister	
尺	chǐ	Chinese foot	
吃, 吃饭	chī, chīfàn	to eat	

吃掉	chīdiào	to eat up	
吃着	chīzhe	eating	
虫子	chóngzi	insect(s)	
仇	chóu	hatred	
丑	chǒu	ugly	
出	chū	out	
船	chuán	boat	
穿	chuān	to wear	
穿上	chuān shàng	to put on	
床	chuáng	bed	
窗	chuāng	window	
船工	chuángōng	boatman	
创造	chuàngzào	to create	
穿着	chuānzhuó	wearing	
出城	chūchéng	out of town	
厨房	chúfáng	kitchen	
吹	chuī	to blow	
吹起	chuī qǐ	to blow up	
出来	chūlái	to come out	
除了	chúle	except	
春, 春天	chūn, chūntiān	spring	
出去	chūqù	to go out	
出生	chūshēng	born	
出现	chūxiàn	to appear	
次	cì	next in a sequence	
次	cì	(measure word)	
从	cóng	from	
聪明	cōngmíng	clever	
聪明多了	cōngmíng duōle	smart enough	

从头到脚	cóngtóudàojiǎo	from head to foot	
粗	cū	broad, thick	
寸	cùn	Chinese inch	
村	cūn	village	
错	cuò	wrong	
大	dà	big	
打	dǎ	to hit, to play	
打坏	dǎ huài	to hit badly, to bash	
大打	dà dǎ	big fight	
大地	dà dì	the earth	
大喊	dà hǎn	to shout	
大叫	dà jiào	to shout	
大圣	dà shèng	great saint	
大宴	dà yàn	banquet	
打败	dǎbài	to defeat	
大臣	dàchén	minister, court official	
大帝	dàdì	emperor	
打斗	dǎdòu	fight	
大风	dàfēng	strong wind	
大海	dàhǎi	ocean	
大会	dàhuì	general assembly	
带	dài	band	
带	dài	to carry	
带回	dài huí	to bring back	
带上	dài shàng	bring with	
带走	dài zǒu	to take away	
带，带到	dài, dài dào	to bring	
带路	dàilù	lead the way	
带着	dàizhe	bringing	
戴着	dàizhe	wearing	

大家	dàjiā	everyone	
大将	dàjiàng	general, high ranking officer	
打开	dǎkāi	to open up	
大门	dàmén	door	
蛋	dàn	egg	
丹	dān	pill or tablet	
但, 但是	dàn, dànshì	but, however	
当	dāng	when	
当然	dāngrán	of course	
担心	dānxīn	to worry	
倒	dǎo	to fall	
到	dào	to arrive	
到	dào	to, until	
道	dào	(measure word)	
道	dào	to say	
刀	dāo	knife	
倒下	dǎo xià	to fall down	
到家	dàojiā	arrive home	
大人	dàrén	adult	
大声	dàshēng	loud	
大师	dàshī	grandmaster	
打算	dǎsuàn	to intend	
大王	dàwáng	king	
大仙	dàxiān	High Immortal	
大字	dàzì	big letters	
地	de	(adverbial particle)	
得	de	(particle after verb)	
的	de	of	
得	dé	(degree or possibility)	
得	dé	(posessive)	

的时侯	de shíhóu	while	
得, 得到	dé, dédào	to get	
的话	dehuà	if	
等, 等着	děng, děng zhe	to wait	
等到	děngdào	to wait until	
等着	děngzhe	to wait for	
地	dì	ground, earth	
帝	dì	emperor	
第	dì	(prefix before a number)	
低	dī	low	
第二	dì èr	second	
第一	dì yī	first	
点	diǎn	point, hour	
店主	diànzhǔ	innkeeper, shopkeeper	
钓, 钓鱼	diào, diàoyú	to fish	
貂鼠	diāo shǔ	mink	8
弟弟	dìdi	younger brother	
地方	dìfāng	local, place	
顶	dǐng	top	
地球	dìqiú	earth	
地上	dìshàng	on the ground	
低头	dītóu	head down	
地狱	dìyù	hell, underworld	
动	dòng	to move	
洞	dòng	cave	
东	dōng	east	
冬天	dōngtiān	winter	
动物	dòngwù	animal	
东西	dōngxi	thing	
都	dōu	all	

读, 读道	dú, dú dào	to read	
段	duàn	(measure word)	
锻炼	duànliàn	to exercise	
对	duì	towards	
对	duì	true, correct	
对骂	duì mà	to scold each other	
对…来说	duì…lái shuō	to or for someone	
对不起	duìbùqǐ	I am sorry	
对着	duìzhe	toward	
朵	duǒ	(measure word for flowers)	8
多	duō	many	
多长	duō cháng	how long?	
多久	duōjiǔ	how long	
多么	duōme	how	
多少	duōshǎo	how many?	
读书人	dúshūrén	student, scholar	
读着	dúzhe	reading	
肚子	dùzi	belly	
饿	è	hungry	
二	èr	two	
而是	ér shì	instead	
耳, 耳朵	ěr, ěrduǒ	ear	
而且	érqiě	and	
儿子	érzi	son	
发	fā	hair	
发出	fāchū	to send out	
法官	fǎguān	judge	
发光	fāguāng	glowing	
饭	fàn	rice	
翻	fān	to churn	8

反对	fǎnduì	oppose	
放	fàng	to put	
方	fāng	direction	
放回	fàng huí	to put back	
房, 房间	fáng, fángjiān	room	
房, 房子	fang, fángzi	house	
犯法	fànfǎ	criminal	8
放弃	fàngqì	to give up, surrender	
放下	fàngxià	to put down	
方向	fāngxiàng	direction	
放心	fàngxīn	rest assured	
方丈	fāngzhàng	abbot	
饭碗	fànwǎn	rice bowl	
发现	fāxiàn	to find	
发着	fāzhe	emitting	
飞	fēi	to fly	
飞到	fēi dào	to fly towards	
非常	fēicháng	very much	
飞过	fēiguò	to fly over	
份	fèn	(measure word)	
分	fēn	minute	
风	fēng	wind	
粉红色	fěnhóngsè	pink	
佛	fó	buddha (title)	
佛语	fó yǔ	"Buddha's verse", the Heart Sutra	8
佛法	fófǎ	Buddha's teachings	
佛祖	fózǔ	Buddha's teachings	
附近	fùjìn	nearby	
斧头	fǔtóu	ax	

感, 感到	gǎn, gǎndào	to feel	
刚	gāng	just	
钢	gāng	steel	
刚才	gāng cái	just a moment ago	
钢做的	gāng zuò de	made of steel	
干净	gānjìng	clean	
感觉	gǎnjué	to feel	
感谢	gǎnxiè	to thank	
高	gāo	tall, high	
告诉	gàosu	to tell	
高兴	gāoxìng	happy	
个	gè	(measure word)	
歌	gē	song	
哥哥	gēge	older brother	
给	gěi	to give	
根	gēn	(measure word)	
根	gēn	root	
跟	gēn	with	
跟	gēn	to follow	
更	gēng	watch (2-hour period)	
更, 更多	gèng, gèng duō	more	
宫, 宫殿	gong, gōngdiàn	palace	
弓箭	gōngjiàn	bow and arrow	
工人	gōngrén	worker	
工作	gōngzuò	work, job	
股	gǔ	(measure word)	
箍	gū	ring or hoop	
拐杖	guǎizhàng	staff or crutch	
关	guān	to turn off	
棺材	guāncai	coffin	

175

光	guāng	light	
关心	guānxīn	concern	
关于	guānyú	about	
跪	guì	kneel	
贵	guì	expensive	
鬼, 鬼怪	guǐ, guǐguài	ghost	
贵重	guìzhòng	precious	
过	guò	(after verb, indicates past tense)	
过	guò	past, to pass	
果	guǒ	fruit	
国, 国家	guó, guójiā	country	
过来	guòlái	come	
过去	guòqù	to pass by	
果树	guǒshù	fruit tree	
国王	guówáng	king	
锅子	guōzi	pot	
故事	gùshì	story	
还	hái	still, also	
海	hǎi	ocean	
还给	huán gěi	to give back	
还有	hái yǒu	also have	
海边	hǎibiān	seaside	
害怕	hàipà	afraid	
还是	háishì	still is	
海中	hǎizhōng	in the sea	
孩子	háizi	child	
喊. 喊叫	hǎn, hǎnjiào	to shout	
行	háng	row or line	
喊叫着	hǎnjiàozhe	shouting	
喊着	hǎnzhe	shouting	

好	hǎo	good	
好吧	hǎo ba	ok	
好吃	hào chī	delicious	
好几天	hǎo jǐ tiān	a few days	
好了	hǎo le	all right	
好看	hǎokàn	good looking	
好像	hǎoxiàng	like	
和	hé	and, with	
河	hé	river	
鹤	hè	crane	
喝, 喝着	hē, hēzhe	to drink	
和...比	hé...bǐ	compare wtih	
黑	hēi	black	
很	hěn	very	
很多	hěnduō	a lot of	
很久	hěnjiǔ	long time	
和平	hépíng	peace	
和尚	héshàng	monk	
喝着	hēzhe	drinking	
红, 红色	hóng, hóngsè	red	
后	hòu	after, back, behind	
猴, 猴子	hóu, hóuzi	monkey	
后来	hòulái	later	
后门	hòumén	back door	
后面	hòumiàn	behind	
画	huà	to paint	
话	huà	word, speak	
花	huā	flower	
划掉	huà diào	to cross out	
坏	huài	bad	

怀孕	huáiyùn	pregnant	
画家	huàjiā	painter	
黄, 黄色	huáng, huángsè	yellow	
皇帝	huángdì	emperor	
欢迎	huānyíng	welcome	
花园	huāyuán	garden	
回	huí	back	
会	huì	to be able	
会	huì	to meet	
会	huì	will	
慧	huì	intelligent	
挥	huī	to swat	
回到	huí dào	to come back	
回家	huí jiā	to return home	
回答	huídá	to reply	
毁坏	huǐhuài	to smash, to destroy	
回来	huílái	to come back	
回去	huíqù	to go back	
活	huó	to live	
火	huǒ	fire	
或, 或者	huò, huòzhě	or	
火炬	huǒjù	torch	
火盆	huǒpén	brazier	
火焰	huǒyàn	flame	
活着	huózhe	alive	
猢狲	húsūn	ape	
胡子	húzi	moustache	
极	jí	extremely	
几	jǐ	several	

鸡	jī	chicken	
记, 记住	jì, jì zhù	to remember	
加	jiā	plus	
家	jiā	family, home	
件	jiàn	(measure word)	
剑	jiàn	sword	
见, 见面	jiàn, jiànmiàn	to see, to meet	
检查	jiǎnchá	examination	
简单	jiǎndān	simple	
讲	jiǎng	to speak	
讲课	jiǎngkè	lecture	
见过	jiànguò	seen it	
叫	jiào	to call, to yell	
脚	Jiǎo	foot	
脚指	jiǎo zhǐ	toe	
教,教会	jiāo, jiāohuì	to teach	
叫做	jiàozuò	called	
级别	jíbié	level or rank	
记得	jìdé	to remember	
节	jié	festival	
借	jiè	to borrow	
接	jiē	to meet	
街道	jiēdào	street	
结婚	jiéhūn	to marry	
姐妹	jiěmèi	sisters	
节日	jiérì	festival	
介绍	jièshào	Introduction	
结束	jiéshù	end, finish	
季节	jìjié	season	
进	jìn	to enter	

紧	jǐn	tight, close	
金钢套	jīn gāng tào	gold steel armlet	
进进出出	jìn jìn chū chū	go in and out	
今晚	jīn wǎn	tonight	
金, 金子	jīn, jīnzi	gold	
筋斗云	jīndǒu yún	cloud somersault	
精	jīng	spirit	
经	jīng	through	
井	jǐng	well	7
经常	jīngcháng	often	
经过	jīngguò	after, through	
经历	jīnglì	experience	
进来	jìnlái	to come in	
今天	jīntiān	today	
金星	jīnxīng	Venus	
就	jiù	just, right now	
旧	jiù	old	
久	jiǔ	long	
九	jiǔ	nine	
酒	jiǔ	wine, liquor	
就会	jiù huì	will be	
就要	jiù yào	about to, going to	
就这样	jiù zhèyàng	that's it, in this way	
酒店	jiǔdiàn	hotel	
就是	jiùshì	just is	
继续	jìxù	to continue	
纪元	jìyuán	era, epoch	
举	jǔ	to lift	
嚼	jué	to chew	
觉得	juédé	to feel	

决定	juédìng	to decide	
觉悟	juéwù	enlightenment	
鞠躬	jūgōng	to bow down	
咀嚼	jǔjué	to chew	
军队	jūnduì	army	
举行	jǔxíng	to hold	
句子	jùzi	sentence	
开	kāi	to open	
开门	kāimén	open the door	
开始	kāishǐ	to start	
开心	kāixīn	happy	
开着	kāizhe	being open	
砍	kǎn	to cut	
看不见	kàn bújiàn	look but can't see	
看, 看着	kàn, kànzhe	to look	
看到	kàndào	to see	
看见	kànjiàn	to see	
看了看	kànlekàn	to take a look	
看起来	kànqǐlái	looks like	
烤	kǎo	to bake	
考试	kǎoshì	examination	
渴	kě	thirsty	
棵	kē	(measure word)	
颗	kē	(measure word)	
可能	kěnéng	maybe	
可怕	kěpà	frightening	
客人	kèrén	guests	
磕头	kētóu	to kowtow	8
可以	kěyǐ	can	
空	kōng	air, void, emptiness	

口	kǒu	(measure word)	
口	kǒu	mouth	
库	kù	warehouse	
哭声	kū shēng	a crying sound	
哭, 哭着	kū, kūzhe	to cry	
块	kuài	(measure word)	
快	kuài	fast	
快乐	kuàilè	happy	
快要	kuàiyào	coming soon	
宽	kuān	width	
盔甲	kuījiǎ	armor	
苦力	kǔlì	coolie, unskilled laborer	8
捆	kǔn	bundle	8
捆住	kǔn zhù	to tie up	
哭着	kūzhe	crying	
拉	lā	to pull down	
来	lái	to come	
来到	lái dào	came	
来说	lái shuō	for example	
来自	láizì	from	
蓝	lán	blue	
狼	láng	wolf	7
栏杆	lángān	railing	
老	lǎo	old	
老虎	lǎohǔ	tiger	
老话	lǎohuà	old saying	
老师	lǎoshī	teacher	
老死	lǎosǐ	die of old age	
了	le	(indicates completion)	
乐	lè	fun	

雷电	léidiàn	lightning	
累	lèi	tired	
雷声	léi shēng	thunder	
冷	lěng	cold	
离	lí	from	
立	lì	stand	
里	lǐ	Chinese mile	
里	lǐ	inside	
连	lián	to connect	
脸	liǎn	face	
连在一起	lián zài yīqǐ	connected together	
亮	liàng	bright	
两	liǎng	two	
练习	liànxí	to exercise	
厉害	lìhài	amazing	
厉害	lìhài	powerful	
离开	líkāi	to go away	
离婚	líhūn	divorce	8
里面	lǐmiàn	inside	
另	lìng	another	
灵魂	línghún	soul	
邻居	línjū	neighbor	
六	liù	six	
留, 留下	liú, liú xià	to stay	
流, 流向	liú, liúxiàng	to flow	
留下	liúxià	to keep, to leave behind, to remain	
礼物	lǐwù	gift	
龙	lóng	dragon	
龙王	lóngwáng	dragon king	

楼	lóu	floor	
路	lù	road	
鹿	lù	deer	
绿	lǜ	green	
轮	lún	wheel	
路上	lùshàng	on the road	
旅途	lǚtú	journey	
吗	ma	(indicates a question)	
骂	mà	to scold	
马	mǎ	horse	
麻烦	máfan	trouble	
卖	mài	to sell	
买	mǎi	to buy	
妈妈	māmā	mother	
慢	màn	slow	
忙	máng	busy	
满意	mǎnyì	satisfy	
猫	māo	cat	
帽, 帽子	mào, màozi	hat	
毛笔	máobǐ	writing brush	
毛发	máofǎ	hair	
马上	mǎshàng	immediately	
马桶	mǎtǒng	chamber pot	8
每	měi	every	
美	měi	handsome, beautiful	
没	méi	not	
没问题	méi wèntí	no problem	
每一家	měi yījiā	every family	
没关系	méiguānxì	it's ok, no problem	
美好	měihǎo	beautiful	

美丽	měilì	beautiful	
媒人	méirén	matchmaker	8
没事	méishì	nothing, no problem	
每天	měitiān	every day	
没有	méiyǒu	don't have	
没有用	méiyǒu yòng	useless	
们	men	(indicates plural)	
门	mén	door	
梦	mèng	dream	
米	mǐ	rice	
面	miàn	side	
面对面	miànduìmiàn	face to face	
面前	miànqián	in front	
庙	miào	temple	
灭	miè	to put out (a fire)	7
米饭	mǐfàn	cooked rice	
秘密	mìmì	secret	
明	míng	bright	
名, 名字	míng, míngzì	name	
明白	míngbái	to understand	
明天	míngtiān	tomorrow	
墨	mò	ink	
魔, 魔法	mó, mófǎ	magic	
魔鬼	móguǐ	devil	
木头	mù tou	wood	
木板	mùbǎn	plank, board	
母猪	mǔ zhū	a sow	8
拿	ná	to take	
那	nà	that	
拿出	ná chū	to take out	

那次	nà cì	that time	
拿到	ná dào	taken	
拿开	ná kāi	to take away	
拿来	ná lái	to bring	
拿起	ná qǐ	to pick up	
拿起来	ná qǐlái	pick up	
那时候	nà shíhòu	at that time	
拿下	ná xià	remove	
拿走	ná zǒu	take away	
哪, 哪儿	nǎ, nǎ'er	where?	
那个	nàgè	that one	
奶奶	nǎinai	grandmother	
那里	nàlǐ	there	
哪里	nǎlǐ	where?	
那么	nàme	so then	
南	nán	south	
男	nán	male	
难	nán	difficult	
南瓜	nánguā	pumpkin	
男孩	nánhái	boy	
男人	nánrén	man	
那些	nàxiē	those	
那样	nàyàng	that way	
拿着	názhe	holding it	
呢	ne	(indicates question)	
那天	nèitiān	that day	
能	néng	can	
你	nǐ	you	
你好	nǐ hǎo	hello	
年	nián	year	

念	niàn	read	
念佛	niànfó	to practice Buddhism	
年纪	niánjì	age	
年龄	niánlíng	age	
年轻	niánqīng	young	
尿	niào	urine	
鸟	niǎo	bird	
您	nín	you (respectful)	
牛	niú	cow	
怒	nù	angry	
女	nǚ	female	
女儿	nǚ'ér	daughter	
爬	pá	to climb	
怕	pà	afraid	
拍	pāi	to smack	
拍手	pāishǒu	to clap hands	
牌子	páizi	sign	
胖	pàng	fat	
旁边	pángbiān	next to	
盘子	pánzi	plate	
泡	pào	bubble	
跑	pǎo	to run	
盆	pén	pot	
棚屋	péng wū	hut, shack	
朋友	péngyǒu	friend	
匹	pǐ	(measure word)	
皮	pí	leather, skin	
漂	piào	to drift	
漂亮	piàoliang	beautiful	
屁股	pìgu	butt, rear end	7

瓶, 瓶子	píng, píngzi	bottle	
瀑布	pùbù	waterfall	
仆人	púrén	servant	
菩萨	púsà	bodhisattva, buddha	
葡萄酒	pútáojiǔ	wine	
普通	pǔtōng	ordinary	
其	qí	its	
棋	qí	chess	
骑	qí	to ride	
气	qì	gas, air, breath	
七	qī	seven	
起	qǐ	from, up	
前	qián	in front	
钱	qián	money	
千	qiān	thousand	
千山万水	qiān shān wàn shuǐ	thousands of miles	
前一天	qián yītiān	the day before	
强大	qiángdà	powerful	
墙	qiáng	wall	7
强盗	qiángdào	bandit	
前面	qiánmiàn	in front	
桥	qiáo	bridge	
起床	qǐchuáng	to get up	
旗杆	qígān	flagpole	
奇怪	qíguài	strange	
起来	qǐlái	(after verb, indicates start of an action)	
起来	qǐlái	to stand up	
亲爱	qīn'ài	dear	
请	qǐng	please	

轻	qīng	lightly	
轻风	qīng fēng	soft breeze	
轻声	qīng shēng	speak softly	
情况	qíngkuàng	situation	
青蛙	qīngwā	frog	7
请问	qǐngwèn	excuse me	
其实	qíshí	in fact	
其他	qítā	other	
球	qiú	ball	
秋, 秋天	qiū, qiūtiān	autumn	
旗子	qízi	flag	
妻子	qīzi	wife	
去	qù	to go	
去过	qùguò	have been to	
群	qún	group or cluster	
去年	qùnián	last year	
让	ràng	to let, to cause	
然后	ránhòu	then	
热	rè	hot	
人	rén	person, people	
认出	rèn chū	recognize	
扔	rēng	to throw	
任何	rènhé	any	7
人间	rénjiān	human world	
人们	rénmen	people	
认识, 认得	rènshì, rèndé	to know someone	
认为	rènwéi	to believe	
认真	rènzhēn	serious	
容易	róngyì	easy	
荣誉	róngyù	honor	

肉	ròu	meat	
入	rù	into	
如果	rúguǒ	if, in case	
三	sān	three	
伞	sǎn	umbrella	8
卅	sānshí	thirty (ancient word)	
色	sè	(indicates color)	
僧, 僧人	sēng, sēngrén	monk	
森林	sēnlín	forest	
杀	shā	to kill	
扇	shàn	(measure word for a door)	8
山	shān	mountain	
山脚下	shān jiǎoxià	at the foot of the mountain	
山顶	shāndǐng	mountaintop	
山洞	shāndòng	cave	
上	shàng	on, up	
伤到	shāng dào	to hurt	
上一次	shàng yīcì	last time	
商店	shāngdiàn	store	
伤害	shānghài	to hurt	
上课	shàngkè	go to class	
上面	shàngmiàn	above	
上去	shàngqù	to go up	
上山	shàngshān	up the mountain	
上天	shàngtiān	heaven	
伤心	shāngxīn	sad	
山上	shānshàng	on mountain	
少	shǎo	less	
烧	shāo	to burn	
蛇	shé	snake	

深	shēn	deep	
神, 神仙	shén, shénxiān	spirit, god	
身边	shēnbiān	around	
圣	shèng	sage	
声, 声音	shēng, shēngyīn	sound	
生病	shēngbìng	sick	
生活	shēnghuó	life, to live	
生命	shēngmìng	life	
生气	shēngqì	angry	
圣人	shèngrén	saint, holy sage	
生日	shēngrì	birthday	
圣僧	shèngsēng	senior monk	
生物	shēngwù	animal, creature	
绳子	shéngzi	rope	
什么	shénme	what?	
神奇	shénqí	magic	
身上	shēnshang	on one's body	
身体	shēntǐ	body	
神仙	shénxiān	immortal	
十	shí	ten	
时	shí	time	
是	shì	is, yes	
试	shì	to taste, to try	
诗	shī	poetry	
是不是	shì bùshì	is or is not?	
时来时去	shí lái shí qù	come and go	
试试	shì shì	to try	
十万	shí wàn	one hundred thousand	
石箱	shí xiāng	stone box	

是, 是的	shì, shìde	yes	
事, 事情	shì, shìqíng	thing	
石, 石头	shí, shítou	stone	
食, 食物	shí, shíwù	food	
师父	shīfu	master	
诗歌	shīgē	poetry	
时候	shíhòu	time, moment, period	
时间	shíjiān	time, period	
世界	shìjiè	world	
尸体	shītǐ	corpse	
侍卫	shìwèi	guard	
瘦	shòu	thin	
手	shǒu	hand	
首	shǒu	(measure word)	
手中	shǒu zhōng	in hand	
手帕	shǒupà	handkerchief	8
受伤	shòushāng	injured	
手指	shǒuzhǐ	finger	
束	shù	bundle	
树	shù	tree	
书	shū	book	
输	shū	to lose	
双	shuāng	(measure word)	
双	shuāng	a pair	
霜	shuāng	frost	
舒服	shūfú	comfortable	
谁	shuí	who	
睡	shuì	to sleep	
水	shuǐ	water	
睡不着	shuì bùzháo	can't sleep	

水果	shuǐguǒ	fruit	
睡觉	shuìjiào	to go to bed	
睡着	shuìzháo	asleep	
睡着	shuìzhe	sleeping	
树林	shùlín	forest	
树木	shùmù	trees	
说	shuō	to say	
说不出话	shuō bu chū huà	speechless	
说完	shuō wán	finish telling	
说, 说话	shuō, shuōhuà	to speak	
说过	shuōguò	said	
舒适	shūshì	comfortable	
四	sì	four	
寺	sì	temple	
死	sǐ	dead	
丝	sī	silk thread	
思	sī	to think	
死去	sǐqù	die	
死去的	sǐqù de	dead	
四周	sìzhōu	around	
送, 送给	sòng, sòng gěi	to give a gift	
素	sù	vegetable	
碎	suì	to break up	8
岁	suì	years of age	
虽然	suīrán	although	
锁	suǒ	to lock	7
所以	suǒyǐ	so, therefore	
所有	suǒyǒu	all	
塔	tǎ	tower	

他	tā	he, him	
她	tā	she, her	
它	tā	it	
抬	tái	to lift	
太	tài	too	
太多	tài duō	too much	
抬头	táitóu	to look up	
太阳	tàiyáng	sunlight	
他们	tāmen	they (male)	
她们	tāmen	they (female)	
弹	tàn	to bounce	8
谈	tán	to talk	
糖	táng	sugar	
汤	tāng	soup	
套	tào	armlet, loop	
桃, 桃子	táo, táozi	peach	
逃跑	táopǎo	to escape	
淘气	táoqì	naughty	
特别	tèbié	special	
剃	tì	to shave	
甜	tián	sweet	
舔	tiǎn	to lick	
天	tiān	day, sky	
天法	tiān fǎ	heaven's law	
天地	tiāndì	heaven and earth	
天宫	tiāngōng	palace of heaven	
天气	tiānqì	weather	
天上	tiānshàng	heaven	
天下	tiānxià	under heaven	
条	tiáo	(measure word)	

跳	tiào	to jump	
跳起来	tiào qǐlái	to jump up	
跳入	tiào rù	to jump in	
跳出	tiàochū	to jump out	
跳舞	tiàowǔ	to dance	
跳着	tiàozhe	dancing	
铁	tiě	iron	
铁桥	tiě qiáo	iron bridge	
听	tīng	to listen	
听到	tīng dào	heard	
听说	tīng shuō	it is said that	
同	tóng	same	
铜	tóng	copper	
痛	tòng	pain	
铜水	tóng shuǐ	liquid copper	
痛苦	tòngkǔ	suffering	
同意	tóngyì	to agree	
头	tóu	head	
头发	tóufǎ	hair	
吐	tǔ	to spit out	
土	tǔ	dirt	
徒弟	túdì	apprentice	
土地	tǔdì	land	
土地神	tǔdì shén	local earth spirit	
推	tuī	to push	
拖	tuō	to drag	
脱	tuō	to remove (clothing)	
突然	túrán	suddenly	
外	wài	outside	
外公	wàigōng	maternal grandfather	

外面	wàimiàn	outside	
完	wán	to finish	
玩	wán	to play	
万	wàn	ten thousand	
晚	wǎn	late, night	
碗	wǎn	bowl	
弯	wān	to bend	
晚些时候	wǎn xiē shíhòu	later	
晚安	wǎn'ān	good night	
完成	wánchéng	to complete	
晚春	wǎnchūn	late spring	
弯刀	wāndāo	scimitar, machete	
晚饭	wǎnfàn	dinner	
王	wáng	king	
往	wǎng	to	
网	wǎng	net, network	
忘, 忘记	wàng, wàngjì	to forget	
晚上	wǎnshàng	evening	
玩着	wánzhe	playing	
为	wèi	for	
位	wèi	(measure word)	
尾巴	wěibā	tail	
未来	wèilái	future	
为了	wèile	in order to	
为什么	wèishénme	why	
危险	wéixiǎn	danger	
问	wèn	to ask	
闻,闻到	wén, wéndào	smell	
文书	wénshū	written document	
问题	wèntí	question, problem	

我	wǒ	I, me	
我的	wǒ de	mine	
我们	wǒmen	we, us	
悟	wù	understanding	
五	wǔ	five	
舞	wǔ	to dance	
无法无天	wúfǎwútiān	lawless	
巫婆	wūpó	witch	7
武器	wǔqì	weapon	
无用	wúyòng	useless	
西	xi	west	
吸	xī	to suck, to absorb	
溪	xī	stream	
洗	xǐ	to wash	
下	xià	down, under	
下棋	xià qí	play chess	
下雨	xià yǔ	rain	
下来	xiàlái	down	
下面	xiàmiàn	underneath	
仙	xiān	immortal, celestial being	
先, 先是	xiān, xiānshi	first	
像	xiàng	like	
像	xiàng	to resemble	
向	xiàng	towards	
想	xiǎng	to want, to miss, to think of	
箱	xiāng	box	
香	xiāng	fragrant (adj), incense (n)	
向下抓	xiàng xià zhuā	to grab downward	
想要	xiǎng yào	to want	
想, 想着	xiǎng, xiǎngzhe	to miss, to think	

197

乡村	xiāngcūn	rural	
想到	xiǎngdào	to think	
想法	xiǎngfǎ	thought	7
想起	xiǎngqǐ	to recall	
向上	xiàngshàng	upwards	
相信	xiāngxìn	to believe, to trust	
鲜花	xiānhuā	fresh flowers	
仙女	xiānnǚ	fairy, female immortal	
先生	xiānshēng	mister	
现在	xiànzài	just now	
笑	xiào	to laugh	
小	xiǎo	small	
小的时候	xiǎo de shíhòu	when was young	
小名	xiǎo míng	nickname	
小孩	xiǎohái	child	
小河	xiǎohé	small river	
笑了起来	xiàole qǐlái	laughed	
小时	xiǎoshí	hour	
小心	xiǎoxīn	to be careful	
笑着	xiàozhe	smiling	
小字	xiǎozì	small print	
夏天	xiàtiān	summer	
下午	xiàwǔ	afternoon	
谢	xiè	to thank	
写	xiě	to write	
些	xiē	some	
鞋, 鞋子	xié, xiézi	shoe	
谢谢	xièxiè	thank you	
写着	xiězhe	written	
喜欢	xǐhuan	to like	

信	xìn	letter	
心	xīn	heart	
新	xīn	new	
新来的	xīn lái de	newcomer	
行	xíng	to travel	
姓	xìng	surname	
星	xīng	star	
醒, 醒来	xǐng, xǐng lái	to wake up	
幸福	xìngfú	happy	
行李	xínglǐ	baggage	
星期	xīngqí	week	
性子	xìngzi	temper	
心跳	xīntiào	heartbeat	
心愿	xīnyuàn	wish	
熊	xióng	bear	
胸	xiōng	chest	
兄弟	xiōngdì	brother	
绣	xiù	embroidered	
休息	xiūxí	to rest	
希望	xīwàng	to hope	
洗澡	xǐzǎo	to bathe	
选	xuǎn	to select	
悬崖	xuányá	cliff	8
许多	xǔduō	many	
血	xuè, xuě	blood	
雪	xuě	snow	
学, 学习	xué, xuéxí	to learn	
学会	xuéhuì	to learn	
学生	xuéshēng	student	
学校	xuéxiào	school	

学着	xuézhe	learning	
需要	xūyào	to need	
牙	yá	tooth	
沿	yán	along	
烟	yān	smoke	7
羊	yáng	sheep	
养	yǎng	to support	
养育	yǎngyù	nurture	
样子	yàngzi	to look like, appearance	
宴会	yànhuì	banquet	
眼睛	yǎnjīng	eye(s)	
颜色	yánsè	color	
药	yào	medicine	
要	yào	to want	
咬	yǎo	to bite, to sting	
腰	yāo	waist, small of back	
妖仙	yāo xiān	immortal demon	
要饭	yàofàn	to beg	
妖怪	yāoguài	monster	
要求	yāoqiú	to request	
钥匙	yàoshi	key	8
叶	yè	leaf	
夜	yè	night	
页	yè	page	
也	yě	also	
夜里	yèlǐ	at night	
也是	yěshì	also too	
爷爷	yéyé	paternal grandfather	
一	yī	one	

一百多种	yī bǎi duō zhǒng	hundreds of kinds	
一开始	yī kāishǐ	at the beginning	
一下	yí xià	a short, quick action	
衣, 衣服	yī, yīfu	clothes	
一百多年	yībǎi duō nián	a century or so	
一般	yībān	commonly	
一边	yībiān	on the side	
一次	yīcì	once	
一点, 一点儿	yīdiǎn, yī diǎn er	a little	
一定	yīdìng	for sure	
一共	yígòng	altogether	
以后	yǐhòu	after	
一会儿	yīhuǐ'er	for a little while	
已经	yǐjīng	already	
一块	yíkuài	piece	
一路	yílù	throughout a journey	
一面	yímiàn	one side	
银	yín	silver	
赢	yíng	to win	
鹰	yīng	hawk	
应该	yīnggāi	should	
隐士	yǐnshì	hermit	
因为	yīnwèi	because	
音乐	yīnyuè	music	
一起	yīqǐ	together	
以前	yǐqián	before	
一生	yīshēng	lifetime	
医生	yīshēng	doctor	

意思	yìsi	meaning	
一天	yītiān	one day	
一下	yíxià	a little bit	
一些	yīxiē	some	
一样	yīyàng	same	
一直	yīzhí	always	
椅子	yǐzi	chair	
用	yòng	to use	
油	yóu	oil	
游	yóu	to swim, to tour	
又	yòu	also	
右	yòu	right	
有	yǒu	to have	
忧	yōu	worry	
有没有	yǒu méiyǒu	have or don't have	
又是	yòu shì	again	
有一天	yǒu yītiān	one day	
游走	yóu zǒu	to walk around	
有点	yǒudiǎn	a little bit	
游过	yóuguò	to swim across/through	
友好	yǒuhǎo	friendly	
有力	yǒulì	powerful	
有名	yǒumíng	famous	
有人	yǒurén	someone	
有事	yǒushì	has something	
游戏	yóuxì	game	
有些	yǒuxiē	some	
有意思	yǒuyìsi	Interesting	
游泳	yóuyǒng	swim	
有用	yǒuyòng	useful	

鱼	yú	fish	
语	yǔ	language	
雨	yǔ	rain	
遇, 遇到	yùdào	encounter, meet	
园	yuán	garden	
远	yuǎn	far	
园工	yuán gōng	garden worker	
原谅	yuánliàng	to forgive	
愿意	yuànyì	willing	
越	yuè	more	
月, 月亮	yuè, yuèliàng	moon	
月光	yuèguāng	moonlight	
愉快	yúkuài	happy	
云	yún	cloud	
运气	yùnqì	luck	8
再	zài	again	
在	zài	in, at	
再一次	zài yícì	one more time	
再次	zàicì	once again	
再见	zàijiàn	goodbye	
脏	zāng	dirty	
造	zào	to make	
早	zǎo	early	
早饭	zǎofàn	breakfast	
早上	zǎoshàng	morning	
怎么	zěnme	how	
怎么办	zěnme bàn	how to do	
怎么样	zěnme yàng	how about it?	
怎么了	zěnmele	what happened	
怎样	zěnyàng	how	

眨	zhǎ	to blink	
摘	zhāi	to pick	
站	zhàn	to stand	
战斗	zhàndòu	to fight	
长	zhǎng	grow	
张	zhāng	(measure word)	
长大	zhǎng dà	to grow up	
张开	zhāng kāi	open	
丈夫	zhàngfū	husband	
站住	zhànzhù	stop	
照	zhào	according to	
找	zhǎo	to search for	
找不到	zhǎo bú dào	search but can't find	
找到	zhǎodào	found	
照顾	zhàogù	to take care of	
找过	zhǎoguò	have looked for	
着	zhe	(aspect particle)	
着	zhe	with	
这	zhè	this	
这次	zhè cì	this time	
这是	zhè shì	this is	
这位	zhè wèi	this one	
这一次	zhè yīcì	this time	
这儿	zhè'er	here	
这个	zhège	this one	
这里	zhèlǐ	here	
这么	zhème	such	
枕	zhěn	pillow	
针	zhēn	needle	
阵	zhèn	(measure word)	

真, 真的	zhēn, zhēn de	really!	
正, 正在	zhèng, zhèngzài	(-ing)	
正好	zhènghǎo	just right	
针灸师	zhēnjiǔ shī	acupuncturist	
真相	zhēnxiàng	the truth	
珍珠	zhēnzhū	pearl	
这些	zhèxiē	these	
这样	zhèyàng	such	
直	zhí	straight	
只	zhǐ	only	
指	zhǐ	to point	
纸	zhǐ	paper	
支	zhī	(measure word)	
枝	zhī	branch	
只能	zhǐ néng	can only	
智, 智慧	zhì, zhìhuì	wisdom	
直到	zhídào	until	
知道	zhīdào	to know something	
只是	zhǐshì	just	
只要	zhǐyào	as long as	
只有	zhǐyǒu	only	
侄子	zhízi	nephew	
重	zhòng	heavy	
众	zhòng	(measure word)	
种	zhǒng	(measure word)	
种	zhǒng	species	
中	zhōng	in	
中国	zhōngguó	China	
中间	zhōngjiān	middle	

重要	zhòngyào	important	
终于	zhōngyú	at last	
洲	zhōu	continent	
州长	zhōuzhǎng	governor	
住	zhù	to live	
主	zhǔ	lord	
住在	zhù zài	to live at	
抓起来	zhuā qǐlái	catch up	
抓, 抓住	zhuā, zhuā zhù	to arrest, to grab	
爪子	zhuǎzi	claws	7
幢	zhuàng	(measure word)	
状元	zhuàngyuán	champion, first place winner	
转身	zhuǎnshēn	turned around	
准备	zhǔnbèi	ready, prepare	
桌, 桌子	zhuō, zhuōzi	table	
幢	zhuàng	(measure word)	
主人	zhǔrén	host, master	
注意	zhùyì	pay attention to	
主意	zhǔyì	idea	
字	zì	written character	
紫	zǐ	purple	
字牌	zì pái	a sign with words	
自己	zìjǐ	oneself	
自己的	zìjǐ de	my own	
总是	zǒng shì	always	
走	zǒu	to go, to walk	
走错	zǒu cuò	to walk the wrong way	
走近	zǒu jìn	to approach	
走开	zǒu kāi	go away	
走出	zǒuchū	to go out	

走动	zǒudòng	to walk around	
走路	zǒulù	to walk down a road	
走向	zǒuxiàng	to walk to	
钻石	zuànshí	diamond	
最	zuì	the most, the best	
醉	zuì	drunk	
嘴	zuǐ	mouth	
最后	zuìhòu	at last, final	
最近	zuìjìn	recently	
座	zuò	(measure word)	
坐	zuò	to sit	
做	zuò	to do	
左	zuǒ	left	
做得对	zuò dé duì	did it right	
昨天	zuótiān	yesterday	
祖师	zǔshī	founder, great teacher	

ABOUT THE AUTHORS

Jeff Pepper has worked for thirty years in the computer software business, where he has started and led several successful tech companies, authored two software related books, and was awarded three U.S. software patents. In 2017 he started Imagin8 Press (www.imagin8press.com) to serve English-speaking students of Chinese.

Xiao Hui Wang is a native Chinese speaker born in China. She came to the United States for studies in biomedical neuroscience and medical imaging, and has more than 25 years of experience in academic and clinical research. She has been teaching Chinese for more than 10 years, with extensive experience in translation English to Chinese as well as Chinese to English.

Made in the USA
Middletown, DE
16 October 2020

22147486R00117